미국 교환학생
성공 가이드

미국 교환학생
성공 가이드

ⓒ 최선남, 임미진, 2024

초판 1쇄 발행 2024년 1월 2일

지은이   최선남, 임미진
펴낸이   이기봉
편집   좋은땅 편집팀
펴낸곳   도서출판 좋은땅
주소   서울특별시 마포구 양화로12길 26 지월드빌딩 (서교동 395-7)
전화   02)374-8616~7
팩스   02)374-8614
이메일   gworldbook@naver.com
홈페이지   www.g-world.co.kr

ISBN   979-11-388-2625-9 (03190)

미국 교환학생 성공 가이드

USA
Exchange
Student

최선남, 임미진 공저

대한민국 청소년 외교사절단! 교환학생들은 내일의 세계 리더입니다.

미국 조기유학, 교환학생, 관리형유학 지원 시 유리한 최신 유학정보와

국내학교 복학 준비 등을 **School Feedback**과 **Yes Tip**에 담있다.

좋은땅

목차

CHAPTER 1
미국 공립교환학생(J1) 프로그램이란?

참가후기　조예진 학생(2022년 8월 학기 ASSE 재단-J1 공립교환)

CHAPTER 4

미국에서 살아남기!

CHAPTER 5

아듀~ 미국! 아쉽지만 이젠 집으로 돌아가자!

CHAPTER 6

교환학생 이후 다시 미국 사립학교로 진학할까?
교환학생 이후 진로는?

CHAPTER 7

국내 학교로 복학 준비하기!

CHAPTER 8

성공하는 교환학생

저자는 두 자녀를 키워 미국 공립학교와 사립학교로 유학을 보냈으며, 두 아이 모두 미국 명문대학을 졸업했다. 또한 2000년 초에는 딸아이의 조기유학을 돕기 위해 토론토에서 1년 동안 함께 생활했었고 이후, 전 세계인과 미국인들도 가장 살고 싶어하는 미국의 명문 보딩스쿨과 아이비리그 대학이 몰려 있는 교육의 메카인 보스턴 그리고 좀 더 욕심을 내어 하버드대학과 MIT가 있는 케임브리지에서 4년의 유학 생활을 했었다.

아마도 유학을 보낸 부모들의 열망이 있다면 자녀를 하버드대학에 입학시키는 게 꿈일지 모른다. 그러나 꿈과 현실의 차이를 뼈저리게 느끼며 4년간 좌충우돌 유학 생활과 자녀 양육 그리고 유학 컨설팅 비즈니스 등 1인 3역을 충실히 했었다. 이후, 두 아이를 키워 낸 경험과 20년간 유학 사업을 운영해 온 노하우를 바탕으로 유학 중인 학생의 학부모, 앞으로 유학을 보내려고 준비 중인 학부모, 그리고 우리 아이들의 미래를 위해 이 책을 쓰게 되었다.

저자가 2000년 당시 대한민국이 '유학 자유화'가 되는 시점에 교환학생 사업을 시작한 이유는 이 프로그램이 모든 학생들에게 기회를 줄 수 있는 최적의 공익적인 프로그램이라는 확신을 갖고 프로그램을 진행해 왔다. 교환학생을 처음 시작한 2000년 초에는 1년 비용으로 650만 원에 미국 교육을 경험할 수 있었고, 학부모가 경제적 여유가 없어도 미국 비자 받기가 어렵지 않은 그야말로 기회균등의 프로그램이었기 때문이다.

교환학생 프로그램을 운영하면서 미국 비영리재단의 무노나 업부성지, 인수합병 같은 재난의 눈제로 학생들이 미배정되어 출국을 못 하는 주변 사례도 지켜봤지만 다행히도 저자의 파트너 재단들은 별 문제없이 배정에 최선을 다해 주고 입국 후에도 학생들을 적극적으로 관리해 준 점에 이 책을 대신해 재단 관계자들에게 다시 한번 감사 인사를 드린다.

저자는 교환학생을 마치고 귀국한 지 얼마 안 된 소녀의 말이 아직도 생생히 기억이 난다. 연약해 보이는 그녀는 "이제는 한국의 귀신 잡는 해병과도 싸우면 이길 수 있다."라고 자신감을 보였다. 그만큼 프로그램을 통해 많은 경험과 도전을 통해 자신감을 얻었을 것으로 생각이 되었다.

귀국한 학생들의 미국 명문대 입학과 국내 명문대 합격의 성공 사례는 너무 흔한 일이라서 일부러 나열할 필요가 없으나 학생들이 정신적으로 성장하는 모습을 지켜볼 때는 그야말로 감동의 순간이었다. 심지어 코로나 시기에도 현지에서 중도 귀국하지 않고 끝까지 프로그램을 마친 학생들과 코로나 위기에도 프로그램에 참가하기 위해 미국으로 출국하는 학생들을 생각하면 그들의 도전 정신에 존경심과 끝없는 애정을 갖는다.

지금 국내에는 교환학생으로 미국을 다녀온 약 5만여 명의 기성세대와 청소년들이 있다. 그 학생들 중 가장 초창기 멤버는 UN 사무총장을 지낸 반기문 전 총장님이 거의 1호에 가까운 분이다. 따라서 청소년 시기에 교환학생을 다녀온 사람들이 대한민국을 이끌어 가고 있다고 해도 과언은 아니다.

저자는 미국 교환학생 교육사업을 2000년 초반부터 시작해 교환학생 프로그램을 우리나라에 대중화시킨 1세대 전문가다. 그동안 수많은 미국 재단과 함께 일해 왔으며 새로운 꿈과 기회를 갖고 프로그램에 참가하는 우리 청소년들을 관리하면서 느낀 점이 많았다. 이 책은 20여 년의 경험과 감동을 늦게서야 출간해 아쉽지만, 대신 교환학생에 참가하려는 학생 및 학부모들이 궁금해할 점과 진행 과정들, 선배 교환학생들의 후기와 조언들을 '미국 교환학생 성공 가이드'를 통해 총망라하였다. 오랫동안 진행되어 온 검증된 프로그램임에도 불구하고 아직도 미국 교환학생 프로그램을 모르는 학생 및 학부모가 많아 안타깝다. 이 책을 통해 청소년 시기 약 1년 동안 미국에서 민간 외교사절단으로 참가하여 넓은 시야와 새로운 기회를 찾는 학생들이 많이 늘어나 인생에서 성공의 기회를 잡길 바란다.

마지막으로 교환학생 프로그램을 위해 미국 현지에서 노력해 주는 미국 교환학생 재단 모든 관계자분들께 먼저 진심으로 감사드리며 항상 도전하고 최선을 다해 노력하는 우리 청소년 여러분들과 그 자녀들이 결정한 판단에 힘을 실어 주는 학부모들에게도 감사드린다. 또 교환학생 프로그램 현장에서 20여 년 동안 가장 노고가 큰 공동 저자인 임미진 이사께도 진심으로 감사를 드리며, 대한민국에 미국 공립교환학생 프로그램을 대중화시킨 큰 공로와 이 책을 출판하기 위해 자문해 주신 오명철 회장님께도 깊이 감사드린다.

2024. 1. 최선남

▶ ISE 재단 추천서

Welcome to ISE

A Message from CEO, Wayne Brewer

ISE is a proud organization committed to the goal of connecting communities and cultures across the world. Our cultural exchange program plays an important role in strengthening relations between nations by promoting a greater understanding of different cultures, languages, and beliefs.

Our exchange students today are our world leaders tomorrow. Our program instills in them a commitment to service, the importance of community and the value of education.

Our Host Families develop a greater understanding of different cultures; an exposure to the challenges that other nations face; and ultimately, a greater appreciation of what it means to be an American.

Our Schools provide a nurturing environment for our students because schools cherish opportunities to bring the lessons of their classrooms to life. In this regard, our exchange students are not only eager learners but they're also enthusiastic teachers.

Our field staff builds the bridges in their communities that connect our students with our Host Families and schools. They are mentors to the students, as well as reliable, invaluable contacts for both the Host Families and the schools.

At ISE's Headquarters, our commitment is to put the needs of our students, host families, and schools above all else. Our organization's success is due to the people that make the program possible: the schools, the families, the field staff; and their dedication, love, and care for our students. For that, we are ever thankful.

We all recognize the difficulty of our mission and the everyday challenges that we face, but the enduring belief in the promise of our program is what inspires our team to make this worthwhile endeavor possible.

Thank you for helping us make a difference!

Sincerely,

Wayne E Brewer

Wayne Brewer
Chief Executive Officer

ISE는 전 세계의 커뮤니티와 문화를 연결하는 것을 목표로 하는 재단입니다. 우리의 문화 교류 프로그램은 서로 다른 문화, 언어, 및 신념을 이해하는 것으로 시작하여 각 국가 간의 관계를 강화하는데 중요한 역할을 하고 있습니다.

우리 교환학생들은 내일의 세계 리더입니다. 우리 프로그램은 참가자들에게 봉사 및 커뮤니티의 중요성, 교육의 가치를 심어 주고 있습니다.

우리 호스트 가족들은 이 프로그램을 통해 다른 문화를 이해하고, 더 나아가 다른 나라들이 직면하고 있는 어려움들을 경험하며 결국에는 미국인으로서 큰 감동을 느끼게 됩니다.

우리 학교들은 학생들이 배운 것을 실제로 경험해 볼 수 있는 기회의 중요성을 교육하고 있으며, 이와 관련하여, 교환학생들은 배우는 것뿐만 아니라 교사의 역할도 하게 됩니다.

우리 현장 직원들은 학생들과 호스트 가족, 학교를 연결하는 다리 역할을 하며, 학생들의 멘토로서 호스트 가족과 학교 모두에게 신뢰할 수 있는 중간자적인 역할을 수행합니다.

ISE 본사는 우리 학생들, 호스트 가족, 학교의 요구를 최우선으로 하고 있습니다.

우리 재단의 성공적인 목표는 이 프로그램을 구성하는 학교, 호스트 가족, 현장 직원 그리고 그들의 헌신, 사랑, 관심에 기인하며 항상 감사의 말씀을 전합니다.

우리는 이 프로그램을 운영하면서 매일매일 새로운 상황을 마주하지만, 교환학생 프로그램에 대한 지속적인 믿음으로 저희 직원들은 열심히 일을 하고 있습니다.

감사합니다.

Wayne Brewer
Chief Executive Officer

▶ PSE 재단 추천서

February 21, 2022

Reference Letter for Yes-Uhak

To Whom it May Concern:

Private & Public School F-1 Exchange (PSE) is proud to be a partner of Yes-Uhak to offer high school students from South Korea an opportunity to study in the U.S. on our F-1 programs. Established in 2006, PSE is committed to promoting international understanding and goodwill through cultural exchange.

PSE has a network of more than 100 private, public, and boarding schools all across the U.S. from which students can choose to apply. Students can elect to reenroll through PSE for multiple years and participate until graduation, receiving a U.S. high school diploma.

PSE is a fully listed agency with the Council on Standards for International Educational Travel (CSIET), meaning we adhere to the highest quality and safety standards in the F-1 industry. Students are matched with carefully selected host families, and our trained Local Coordinators support students and families throughout the program. They submit monthly reports, which are shared with Yes-Uhak and natural parents so everyone is aware how students are adjusting culturally and performing academically.

Our F-1 programs are beneficial to Korean students, as they provide an opportunity to study at highly rated, college-preparatory schools which assist with their preparation for university, as well as learn about American culture and form life-long relationships. Our schools offer students opportunities to get involved in extra-curricular activities, take advanced placement courses, improve their English proficiency, and receive guidance from on-site school college counselors. Students are also immersed in American culture, live with an American host family, and become part of an American community, receiving full support by PSE along the way.

Students who are successful on our programs are open-minded, eager to learn about a new culture, willing to adapt to a new environment, academically motivated, and have the desire to become part of an American family. PSE schools and host families have enjoyed hosting Korean students for many years and we are very proud of the students who have completed our program successfully and have gone on to achieve many other accomplishments at university and beyond.

We wish Yes-Uhak all the best and look forward to many more years of partnership in shaping the lives of Korean teenagers.

Best regards,

Ann Steffen
PSE Program Director

1029 SW Washington Street ▪ Portland, OR 97205-2613 ▪ Tel. 503.222.9803 ▪ Fax 503.227.7224 ▪ www.pse-edu.org

Private & Public School F1 Exchange(PSE)는 예스유학과 함께하는 파트너로서, 한국 고등학생들이 미국의 F1 프로그램을 통해 미국에서 학업할 수 있는 기회를 제공하게 된 것을 자랑스럽게 생각합니다. PSE 재단은 국제적인 이해와 화합을 증진하고자 2006년도에 설립되었습니다.

PSE는 미국 전역에 있는 100개 이상의 공립, 사립, 기숙학교와 관계를 맺고 있으며, 학생들은 자신이 지원할 학교를 선택할 수 있습니다. 학생들은 PSE를 통해 미국 고등학교에서 졸업할 때까지 유학을 지속하거나 혹은 타 학교로 변경도 가능하며 미국의 고등학교 졸업장을 받을 수 있습니다.

PSE는 CSIET(Council on Standards for International Education Travel)에 정식회원으로 등록되어 있으며 이는 F1 분야에서 안전기준 준수 및 퀄리티 높은 프로그램을 제공한다는 것을 의미합니다. 학생들은 엄선된 호스트 가족과 매칭되고, 교육된 지역 관리자들이 프로그램 기간 동안 학생과 호스트 가족을 지원하게 됩니다. 지역 관리자들은 매달 보고서를 작성하여 학생들이 현지에서 적응도와 학업성취도를 예스유학 및 학부모와 공유하고 있습니다.

우리의 F1 프로그램은 학생들이 대학 진학을 목표로 하는 학교에서 학습할 수 있는 기회를 제공하며, 미국 문화를 배우고 평생의 관계를 만들 수 있어 학생들에게 유익하게 구성되어 있습니다. 학교에서는 방과 후 활동, AP 과목 수강, 영어 실력 향상, 학교 내 대학 상담자로부터 지도받을 수 있는 기회를 제공합니다. 학생들은 또한 호스트 가족과 함께 생활하며 미국 문화를 경험하고 지역 사회의 일원이 되며, PSE의 전문적인 지원을 받게 됩니다.

저희 프로그램에서 성공한 학생들은 새로운 문화와 환경을 받아들이고 배우는 데 열린 마음을 가지고 있으며, 공부에 대한 열망과 미국 가족의 일원으로 생활하였습니다. PSE 학교와 호스트 가족은 여러 해 동안 한국 학생들을 받아왔으며, 프로그램을 성공적으로 마치고 대학 진학 및 더 나은 다른 성취를 이룬 학생들에게 자랑스러움을 느끼고 있습니다.

우리는 예스유학의 번창을 기원하며, 한국 청소년들의 미래를 위해 더 많은 협력을 기대합니다.

Ann Steffen

PSE Program Director

▶ Educatius 재단 추천서

Educatius Group
GET AHEAD – STUDY ABROAD!

Educatius Group has registered companies in the USA, Sweden, Norway, Denmark, Germany, Spain, Italy, France and Finland. We are engaged in the business of international student recruitment to public and private high schools in the USA, UK, Australia, New Zealand, Canada and several European countries. We recruit students through a strong network of distinguished international partners around the world and welcome them to schools in our program countries. Our programs help students develop and thrive academically as well as personally. But even more so on our programs students get the chance to experience other cultures as well as share their own. Our aim is that this will increase cultural understanding and bring us closer to our common goal of world peace.

We have the pleasure of welcoming students from South Korea on our programs every year. The students are great ambassadors for their country. They are hard working and very curious and make sure they make the most out of their time both in school and with their friends and host families. We believe the students from South Korea can benefit greatly from the experience of study abroad as it differs quite significantly from life in school at home. Through their programs they will have new experiences and possibilities that they would otherwise not have. We see our students from South Korea performing very well and graduate very successfully as they move on to further studies in top Universities.

We can clearly see that the students that have the most successful programs are very serious students that work hard and take their assignments very seriously. But equally importantly they are students that are curious about the life and culture outside of school. They get involved in sports, arts and other activities together with their friends at school and their host families and they are open to new experiences. Lucky for us many of our students from South Korea display these personality traits and we are very proud of them!

We are very proud to work with YES Uhak as our distinguished partner in South Korea. YES Uhak always puts the interest of the students at the center of attention and all students have been carefully selected and prepared for their programs abroad. It is a joy to welcome the students from such a professional and strong organization as YES Uhak!

We take great pride in our partnership and look forward to working hard together on strengthening it even further!

Yours faithfully

Paul McLaughlin
President of Educatius

Educatius Group은 미국, 스웨덴, 노르웨이, 덴마크, 독일, 스페인, 이탈리아, 프랑스, 핀란드에 등록되어 있는 회사로 미국, 영국, 호주, 뉴질랜드, 캐나다, 유럽의 공립, 사립학교에 국제학생들을 유치하는 비즈니스를 진행하고 있습니다. 전 세계적으로 우수한 국제 파트너들을 통해 학생을 모집하고, 우리의 프로그램에 참여시키고 있습니다. 우리 프로그램은 학생들이 학업이나 개인적으로 성장할 수 있도록 도우며, 더 나아가 학생들은 자신들과 다른 문화를 경험하고 서로 공유할 수 있는 기회를 얻게 합니다. 우리의 최종 목적은 이 프로그램을 통해 서로 간의 문화에 대한 이해도를 높이고 세계평화의 목표에 가까워지는 것입니다. 우리는 매년 한국을 대표하는 청소년 외교관으로서 미국에 오는 학생들을 환영하고 있습니다. 그들은 열심히 공부하고 호기심이 많으며 학교에서 친구들이랑 호스트 가족과 시간을 함께 보내고 있습니다. 우리는 한국 학생들이 이 프로그램을 통해 한국과는 다른 경험을 통하여 인생에서 여러 가지를 얻을 것이라고 확신합니다. 우리는 그동안 한국 학생들이 프로그램을 성공적으로 마치고 좋은 대학교 및 더 나은 세상으로 나아가는 것을 직접 보았습니다. 우리는 학생들이 열심히 공부하며 프로그램을 성공적으로 마친 것을 직접 보았으며, 그 학생들은 학교뿐만 아니라 학교 밖에서의 생활과 문화에 대해서도 같은 관심을 가진 학생들이라는 것입니다. 그들은 학교 친구들 또는 호스트 가족들과 함께하는 스포츠, 예술 분야 및 기타 활동에 참여하며 새로운 것을 경험하는 데 열린 마음으로 참여하였습니다. 한국 학생들은 프로그램을 성공적으로 마칠 수 있는 이러한 자질을 가지고 있으며, 이런 한국 학생들을 만난다는 것이 우리에게는 큰 행운입니다. 우리는 한국의 예스유학과 일할 수 있어 매우 자랑스럽게 생각합니다. 예스유학은 항상 학생들을 중심으로 생각하며, 그들을 위한 프로그램을 신중하게 선택하고 준비를 해 주고 있습니다. 예스유학을 통해 준비되어 온 학생들을 환영할 수 있게 되어 기쁩니다. 우리는 예스유학과의 협력 관계를 자랑스럽게 생각하며 더 나아가 좋은 관계를 유지하기를 기대합니다.

　감사합니다.

Paul McLaughlin

President of Educatius

▶ CETUSA 재단 추천서

CETUSA is a not-for-profit international student exchange organization coordinating exchange experiences for high school students, university students and young professionals. CETUSA is a US Department of State Exchange Visitor (J-1 visa) sponsor organization.

The mission of CETUSA is "reaching out to encourage a lifelong journey of global peace and understanding" for the students, host families and communities that are part of the exchange experience.

We are very proud to work with YES Uhak as our partner in South Korea. YES Uhak always puts the interest of the students at the center of attention and all students have been carefully selected and prepared for their programs abroad well. We welcome the students from such a professional and strong organization as YES Uhak!

We take great pride in our partnership and look forward to working hard together on strengthening it even further!

Sincerely yours

Kimberly Carter
President of CETUSA

CETUSA는 고등학교, 대학교, 인턴십 프로그램을 운영하고 있는 비영리 국제 교환학생 재단으로, 미 국무부 교환학생 프로그램(J1비자) 후원 기관입니다.

CETUSA 기관은 프로그램에 참여하는 학생들, 호스트 가족 그리고 지역사회가 국제적인 평화와 이해를 추구하는 데 그 목적을 두고 있습니다.

우리는 한국의 예스유학과 일할 수 있어 매우 자랑스럽게 생각합니다. 예스유학은 항상 학생들을 중심으로 생각하며, 그들을 위한 프로그램을 신중하게 선택하고 준비를 해 주고 있습니다. 예스유학을 통해 준비되어 온 학생들을 환영할 수 있게 되어 기쁩니다.

우리는 예스유학과 협력 관계를 자랑스럽게 생각하며, 더 나아가 좋은 관계를 유지하기를 기대합니다.

Kimberly carter

President of CETUSA

GLOBAL STUDY
CONNECTIONS

Live Your Dream - Study Abroad!

Welcome to Global Study Connections (GSC). I want to introduce the many services that we provide for international families and students who are looking for a study abroad experience.

For almost 50 years my wife, Dottie and I have been working to help students further their educational goals and aspirations. During the last twenty-five years our focus has been on international students.

Our work with international students has included serving as: senior administrator for a New England boarding school, teacher, dorm parents, university counselor, Head of School for private Middle School, Admissions Director and Residential Life Director at 9-12 boarding school. In addition, a number of the GSC staff members have themselves been an international student here in the US which further enables us to help students make the right connections in their pursuit of a study abroad experience.

We have been happy to partner with Lora Choi and her work with Early Study Abroad Program at YesUhak. It has been our privilege to work along-side YesUhak in helping students and their families pursue their study abroad dreams. As an supporting partner they understand the importance of not only matching a student with a school that would best fit a student's academic, social and emotional needs, but the importance of providing the nurture and care of the student outside of the classroom while they are studying abroad. GSC's highest commitment is to meet not only the educational aspirations of students and their families, but the nurture and care of students in such a manner that they mature as young men and women prepared to meet the challenges of life.

The testimonials from students and parents speak of the commitment Global Study Connections has to helping your study abroad dreams come true! Thank you for this opportunity to serve you!

Warm Regards,

Global Study Connections
John "Jay" Brennan, M.Div.,M.Ed
CEO

GSC(Global Study Connection)에 오신 것을 환영합니다. 우리는 해외 프로그램에 관심이 있는

학생들과 가족분들에게 다양한 서비스를 제공하고 있습니다. 저와 제 부인인 도티는 50년 가까이 학생들의 교육적인 목표를 함께 달성하기 위해 노력하였으며, 최근 25년간은 국제학생들에 대해 좀 더 집중하여 일을 하였습니다. 우리는 뉴잉글랜드 지역의 기숙학교 입학처장, 선생님, 기숙사 사감, 대학 진학 카운슬러, 사립중학교 교장, 시니어 기숙학교 기숙사 총괄자 등의 경험이 있으며, 추가적으로 GSC 직원들 중 일부는 미국에서 유학을 했던 경험이 있어 국제학생들이 겪게 될 부분에 대해 충분히 이해하고 필요한 부분에 대해 도움을 주고 있습니다. 우리는 예스유학과 일할 수 있어 기쁩니다. 예스유학과 일하며 학생들과 가족들이 꿈을 이루는 데 도움을 줄 수 있어 영광입니다. 예스유학은 학생들의 학업적, 사회적, 감정적인 부분에 맞춰 가장 적합한 학교를 선정하여 안내하고, 학교 이외의 부분도 중요하다는 것을 잘 이해하고 있습니다. GSC는 학생과 학부모의 교육적인 목표 달성뿐만 아니라 인생에서 여러 도전에 준비할 수 있는 사람으로 성장할 수 있도록 도움을 주는 것에 목표를 두고 있습니다. 많은 학생과 학부모님들의 GSC에 대한 피드백을 통해 성공적인 유학 생활을 확인해 보실 수 있습니다. 학생들과 함께할 수 있는 기회를 주셔서 감사합니다.

Global Study Connections

CEO John "jay" Brennan, M. Div. M. ED

CHAPTER 1

미국 공립교환학생(J1) 프로그램이란?

A.

교환학생 프로그램 소개

1961년 '교육문화 상호교류법'과 1982년의 '국제청소년 교류 계획법'에 따라 미국 국무부가 주관하는 프로그램으로 J1 문화 교류 비자를 이용하여 외국인 청소년에게 미국인 가족(호스트 패밀리)의 따뜻한 배려와 관심 속에서 생활하며 공립학교에서 한 학기 또는 두 학기 동안 수학하며 영어와 미국 문화를 함께 배울 수 있는 '고효율 저비용' 교육문화 교류 프로그램이다.

이 프로그램은 약 40년의 역사를 가지고 있으며, 우리나라 청소년 학생들이 본격적으로 참가하기 시작한 것은 2000년부터이다. 미 국무부가 주관하는 이 프로그램은 전 세계의 중, 고등학생들을 대상으로 하며, 학생들은 미국의 자원봉사자인 호스트 가정에서 생활하며 미국 문화를 생생하게 직접 경험하고 현지 공립고등학교에서 미국 학생들과 동일하게 수업 및 방과 후 활동(스포츠, 음악, 미술 관련 클럽 활동 등)을 하면서 미국 문화를 체득할 수 있는 프로그램이다.

프로그램의 주된 목적은 언어적 장벽을 극복하기 위해 영어를 습득하고, 인종을 뛰어넘는 문화 교류를 통해 상호 이해하고 글로벌리즘을 자연스럽게 습득하는 것이다. 이를 통해 인류의 화합과 우정을 실현하고자 한다.

또한 이 프로그램은 세계 각국 청소년들이 미국의 다양한 지역에서 만난 학생들에게 자기 나라의 다양한 문화를 알리며, 커뮤니케이션을 통해 긍정적인 연대와 정보를 교환하는 선량한 역할을 한다. 이러한 활동을 통해 우리나라 청소년들도 대한민국인으로서 자부심을 가지며 국가를 대표하는 '청소년 외교관'으로 자신감을 갖고 자신과 대한민국을 우뚝 세우는 계기가 될 것으로 기대한다.

교환학생 프로그램 특징

교환학생 프로그램은 다음과 같은 특징을 가지고 있다.

- 언어 습득: 교환학생 프로그램은 영어로 수업을 듣고 일상 생활을 함으로써 언어를 자연스럽게 습득하는 좋은 기회를 제공한다. 학생들은 모든 생활을 영어만 사용할 수밖에 없으므로 자연스럽게 언어 실력을 향상시킬 수 있다.

- 문화 교류: 교환학생들은 다른 나라의 문화와 가족, 학교, 지역 사회와 접촉하며 상호 이해와 문화 교류의 경험을 쌓는다. 이를 통해 인종, 국적을 초월한 관계를 형성하고 상호주의와 평화에 대한 이해를 높일 수 있다.

- 글로벌 시민의식: 교환학생 프로그램은 학생들에게 글로벌 시민의식을 심어 준다. 다양한 문화와 가치관을 경험하고 이해함으로써 학생들은 보다 폭넓은 시각과 개방적인 마인드를 갖출 수 있다. 이는 글로벌 시대에서 요구되는 다문화 환경에서의 삶이 좋은 경험이 된다.

- 우정과 화합: 교환학생들은 다른 나라의 학생들과 교류하고 협력하며, 친구와 우정을 형성한다. 이를 통해 국가 간의 이해와 협력, 인류의 화합과 우정을 실현시키는 기회를 제공한다.

이러한 특징들로 인해 교환학생 프로그램은 오랜 기간 동안 전 세계 청소년들로부터 많은 관심과 사랑을 받고 있으며, 전 세계 학생들에게 다양한 경험과 성장의 기회를 제공하는 것으로 알려져 있다.

프로그램 장점

- 안전성: 이 프로그램은 미국 국무부의 주관으로 진행되므로 안전성이 높다. 학생들은 안전한 중소 도시에 배정되며, 프로그램 참가 도중에 발생할 수 있는 비상 상황에 대비하여 호스트 가정, 지역 관리자, 미국 재단 등이 비상시에 안전을 최우선으로 한다.

- 경제성: 이 프로그램은 비교적 저렴한 참가비로 제공되며, 유학원마다 다르고 시기별로 다르지

만 요즘은 대략 일천 오백만 원 정도 비용으로 1년 동안 미국에서 생활하고 영어를 학습하며 미국 문화를 이해할 수 있으므로 경제적으로 매우 효율적인 선택이 될 수 있다.

- 글로벌 마인드: 매년 전 세계에서 2만 명 이상의 청소년이 이 프로그램에 참여하며 다양한 나라의 학생들과 교류하게 된다. 이를 통해 글로벌 마인드를 갖추고, 다른 문화권을 이해하고 미래에 국제적인 관계 형성에 도움이 된다.
- 참여 활동의 자부심: 이 프로그램에 참여하는 학생들은 성적이 우수하고 품성이 바르며, 영어 실력도 일정 수준 이상을 갖춘 학생들이다. 따라서, 이 프로그램에 참여하고 마친 청소년들은 대한민국 청소년 민간 외교 사절단이라는 자부심을 가질 자격이 있다.

이러한 장점들을 통해 이 프로그램은 안전하고 경제적이며, 글로벌 시민의식을 발전시키고 자부심을 갖게 하는 기회를 제공한다.

프로그램 단점

첫째, 미 국무부 교환학생 프로그램은 1년으로 참가를 제한하며, 기간을 연장할 수 없다. 만약 학생이 미국에서 계속 공부를 원한다면, 귀국하여 학생 비자(F1)로 변경하여 여러가지 유학 프로그램 중 선택하면 된다.

둘째, 학생들이 원하는 지역, 학교, 호스트 가정을 직접 선택할 수 없다. 호스트 가정이 학생을 선택하며, 배정된 지역과 학교에서 생활해야 한다. 일부 재단에서는 추가 비용을 지불하면 지역 선택이 가능한 경우도 있으며, 원하는 지역이 배정되지 않을 경우 환불해 준다.

셋째, 프로그램에 참가하기 위해서는 나이가 15세에서 18.5세 사이여야 한다. 이는 한국에서는 중학교 3학년부터 고등학교 2학년에 해당한다. 단, 재단에 따라 14.5세도 참가를 허용하고 있으나 최종 결정은 비자 인터뷰를 진행하는 대사관 영사 결정에 따라 달라진다. 만약 비자가 거절된 경우 다음 학기에 다시 비자 인터뷰를 진행하여 참가하면 된다.

넷째, 프로그램에 참가하는 학생들은 1년 동안 미국의 고등학교에서 공부하지만, 교환학생 프로그램은 유학이 아니므로 미국 고등학교 졸업장은 발급되지 않는다. 이는 고등학교 2학년 학생들이 미국 12학년으로 배정되어도 해당 기간 동안의 학업은 인정받지만, 졸업장은 받을 수 없다. 다만 몇몇 학교에서는 12학년에 재학하는 교환학생의 경우, 자국에서 받은 3년치 성적 증명서를 검토하여 미국 고등학교 필수 과목과 졸업에 필요한 Credit이 인정된다면 졸업장을 주는 경우도 간혹 있다.

교환학생 운영시스템

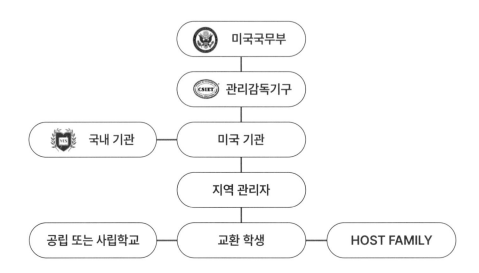

미국 국무부(Department of State)

미 국무부는 정보수집, 외교교섭, 국제기구 대표권 행사 등 우리나라의 외교부와 비슷한 역할을 수행한다. 미 국무부 장관은 미국 대통령의 최고 외교 정책 고문으로서, 대통령의 분신과 같은 역할을 맡고 있다. 국무부는 미국의 외교정책 수립과 실행을 담당하며, 미국의 국제적 이해관계와 외교적 노력을 총괄적으로 주도하고 있다.

교환학생 프로그램 파트를 맡고 있는 부서는 미 공보부(United States Information Agency, USIA)이다. USIA는 미국의 해외 공보처로서, 각국에서 미국의 문화와 가치를 홍보하고, 자국의 외교정책 실현을 돕기 위해 다양한 홍보 활동을 수행한다. 교환학생 프로그램 또한 USIA의 주요 활동 중 하나로서, 다양한 국가의 청소년들이 미국에서 교류하며 문화 교류와 이해를 증진시키는 데에 기여한다.

미국 제42대 대통령인 빌 클린턴 대통령의 영부인인 힐러리 클린턴 여사는 교환학생 프로그램의 적극적인 홍보를 담당하여 프로그램의 성공적인 활성화를 위한 그녀의 지지와 노력으로 프로그램은 더 많은 참가자들에게 알려지고 국제적으로 더 큰 영향력을 발휘하게 되었다.

CSIET 관리감독기구(Council on Standards for International Educational Travel)

CSIET는 교환학생 프로그램을 운영하는 비영리 민간 기관들을 관리하기 위해 1984년에 설립된 기구이다. CSIET는 교환학생 프로그램의 품질과 안전을 보장하기 위해 지침과 기준을 마련하고 이를 준수하는지 감사를 수행한다. 교환학생 프로그램의 운영 과정이나 성과가 기준에 맞지 않을 경우 엄격한 관리를 시행한다.

프로그램을 운영하는 미국 기관들은 CSIET로부터 매년 한 번씩 감사를 받게 되며, 이를 통해 재단들의 운영 절차와 프로그램의 질을 확인한다. CSIET 감사 결과에 따라 Full, Provisional, Conditional 등의 등급을 부여받으며, 이렇게 분류된 등급은 해당 기관의 교환학생 프로그램 운영 자격과 신뢰성을 나타내는 지표로 사용된다.

CSIET는 교환학생 프로그램의 관리와 지원을 통해 프로그램 참가 학생들의 안전과 학습 경험에 중점을 두며, 우수한 교환학생 프로그램들이 안전하고 성공적으로 운영될 수 있도록 지원하는 중요한 역할을 수행한다

미국 기관(Organization)-교환학생 프로그램 운영 재단

미국 기관들은 교환학생 프로그램을 운영하는 데에 있어서 국무부로부터 공식적으로 인가를 받아야 하는 비영리 기관들이다. 이러한 기관들은 약 150개까지 있었지만 현재는 약 70여 개의 기관이 활동하고 있다. 이러한 기관들은 모두 인 바운드 교환학생을 받는 것만 아니라, 아웃 바운드 교환학생 업무를 담당하는 기관들도 있다

미국 기관들은 각각의 업무 성격, 선발 기준, 비용, 지역, 업부 능력, 수력 국가 능이 서로 다르며, 많은 학생을 수용한다고 해서 그 기관이 퀄리티가 있는 것은 전혀 아니다. 따라서 외국의 교환학생 프로그램을 계획하는 경우 미국 기관과의 협조를 고려할 때, 기관 대표와 관계자들의 교육관과 정

직과 신뢰성, 프로그램 운영 능력, 참가 학생 국가에 대한 충분한 이해도, 학생들에 대한 세심한 관리 등이 중요한 요소로 고려되어야 한다

국내 기관(Agency)

국내 기관인 유학원들은 우수한 학생들을 선발하여 교환학생 프로그램에 참여시키는 역할을 수행한다. 이들은 미국 기관과 참가 학생들 간의 업무 처리와 문제 해결을 지원하며, 출국 전에는 오리엔테이션 및 현지 적응을 위한 사전 교육을 제공한다. 또한 프로그램 현지 참여 학생들과 관련한 모든 상황들을 미국의 재단과 국내 기관이 서로 공유하면서 학생들의 현지 적응과 문제 해결을 위해 노력한다.

유학원들은 교환학생 프로그램이 일반 유학과는 다른 점을 알리는 중요한 역할을 한다. 일부 참가 학생과 부모들은 교환학생 프로그램을 외국에서 정규 과정의 학교를 다니는 유학 상품으로 오해할 수 있으므로, 유학원들은 정확한 설명과 정보를 제공하여 학생들과 학부모들이 프로그램의 목적과 특징을 잘 이해하도록 돕는다.

이러한 이유로, 유학원들은 유선 상담만으로 학생을 프로그램에 참가시키는 경우가 드물며, 반드시 프로그램 설명을 통해 학생들이 이 프로그램을 정확히 이해하고 자발적으로 참가할 의사가 있는지 파악한 후에 참여하도록 한다. 이는 학생들이 프로그램을 정확히 이해한 후 문화 교류와 학습의 기회를 성공적으로 달성할 수 있도록 하는 중요한 접근 방식이다

따라서 교환학생 전문 컨설턴트와 충분한 상담과 설명회를 통해 학생과 부모들이 프로그램에 대해 정확한 이해를 가지도록 해야 한다. 학생들의 영어 능력과 긍정적이고 도전적인 자세, 그리고 프로그램의 성격을 이해하고, 학생들이 참가 결정을 할 수 있도록 도와주는 것이 중요하다. 이렇게 하면 학생들이 프로그램을 성공적으로 수행하고, 교환학생 경험을 최대한 활용하여 인생에 성공적인 기회를 만들 수 있을 것이다

지역 관리자(Area Representative/Local Coordinator)

지역 관리자는 교환학생들의 호스트 가정과 학교 선정과 같은 배정 업무를 주로 한다. 또한 학생

들이 미국 도착 후 현지 적응을 돕고, 비상 상황 시 지원하며 학생들의 생활 지도를 담당한다. 이들은 미국 재단에 속한 관리자로서 가장 밀접하게 호스트 가정과 학생간의 갈등 상황 발생 시 컨설턴트 역할을 수행하며, 학생의 행동이 적절하지 않을 경우 미국 기관을 통해 Warning이나 Probation 등의 조치를 요청하는 역할을 한다

또한 지역 관리자들은 교환학생들의 체류 기간 동안 학교 생활과 가정 생활을 주기적으로 평가하여 Report를 작성한다. 상당수의 지역 관리자들은 교환학생들을 위해 자원봉사자로 활동하거나, 직업적 활동을 하는 관리자들도 있다. 이들은 학생들과 밀접한 관계를 맺으며 학생들의 안전과 원활한 체류를 돕기 위해 노력하는 아주 중요한 롤을 맡고 있다.

지역 관리자들은 미국 기관과 호스트 가정 간 중요한 가교 역할을 한다. 학생들과 밀접한 연결을 유지하고 상호 신뢰를 기반으로 좋은 관계를 구축하는 것이 중요하다. 이를 통해 학생들이 원활히 프로그램을 경험할 수 있도록 도와주며, 문제가 발생했을 때 적절한 지원과 조치를 제공한다. 따라서 지역 관리자들은 학생들의 안전과 학업적 성취를 최우선으로 고려하는 역할을 수행하고 있다.

호스트 가족(Host Family)

교환학생 프로그램이 유지되는 가장 중요한 요소이며 핵심중의 핵심이다. 만약, 미국내 자원봉사 호스트 가족이 없다면 이 프로그램은 유지되기 어려울 것이다.

교환학생들이 머무는 호스트 가족은 외국의 청소년에게 자신의 가정을 무료로 개방하여 함께 생활할 수 있도록 배려해 주는 자원봉사자의 가정이다. 이들은 경제적 대가를 바라지 않으며, 다른 나라의 문화에 대한 호기심이나 배려와 종교적 동기 등 여러 요인으로 교환학생을 환영하는 따뜻하고 친절한 가정들이다. 호스트 가족들은 교환학생 프로그램에서 가장 중요한 요소이며, 교환학생들에게 미국의 가정생활과 문화, 사고방식을 경험할 수 있는 기회를 제공하는 따뜻한 사고를 갖고 있는 분들이다.

교환학생들은 호스트 가족을 통해 미국의 가정생활과 문화를 직접 체험하게 되며, 안정적인 고등학교 생활을 경험하게 된다. 호스트 가족에 속한 한 사람으로서, 교환학생들은 다른 가족 구성원

들과 마찬가지로 가족의 규칙을 따르고 자신에게 주어진 책임과 의무를 성실히 이행해야 한다. 이를 통해 교환학생들은 가족과 함께 소중한 경험을 나누며 새로운 문화를 존중하고 이해하게 되는 동시에, 자신의 성장과 배움을 얻는 소중한 기회를 갖게 된다.

이러한 호스트 가족들의 자원봉사와 배려는 교환학생 프로그램의 성공적인 운영과 학생들의 삶에 큰 영향을 미치며, 국제 교류와 이해를 촉진하는 데 중요한 역할을 한다.

조예진 학생(2022년 8월 학기 ASSE 재단-J1 공립교환)

교환학생은 내 인생의 터닝 포인트

안녕하세요, 저는 미국 버지니아주 애빙던에서 공립 고등학교 교환학생을 마치고 돌아온 조예진입니다. 한국을 떠날 당시의 저는 고등학교 2학년으로 교환학생을 준비하는 다른 친구들에 비해 살짝 늦기도 했고 한국에서는 중요한 시기이다 보니 고민을 많이 했었습니다. 영어를 대단히 잘하는 것도 아니어서 가기 전까지 여러 걱정을 하기도 했지만 그렇게 고민한 시간이 무색할 만큼 정말 값진 경험과 추억들을 많이 만들고 왔습니다. 저는 고등학교 졸업 전 새로운 도전을 해 보고, 의미 있는 시간을 보내고 싶어서 교환학생을 선택하게 되었습니다.

우선 저의 호스트 부모님은 미국인이신 Jett와 멕시칸계 미국인 Christy이고, 두 분은 매년 누 녕의 교환학생을 호스트 하면서 지내신다고 합니다. 저와 공동 배정된 다른 교환학생은 스페인에서 온 Mar라는 친구인데요, 저보다 1살 어리지만 정말 착하고 재미있는 친구여서 친자매처럼 잘 지냈

습니다. 저희 호스트 가족은 주말에 페스티벌, 하이킹, 연극 관람 등을 하면서 즐거운 시간들을 보냈고 정말 가족처럼 잘 챙겨 주셔서 행복하게 보낼 수 있었습니다.

미국 고등학교를 다니면서 한국 고등학교와 다른 점을 많이 느낄 수 있었는데요, 가장 큰 차이점은 학교의 수업 시스템입니다. 한국의 학교는 고정된 반이 있어서 대부분의 학교 생활을 그곳에서 하는 반면 미국은 수업 시간마다 다른 교실로 이동을 해야 합니다. 미국 학교의 쉬는 시간은 거의 5분 이하로 쉬는 시간 이라는 것보다는 교실에서 교실로 이동하는 시간이라고 생각하는 것이 맞을 것 같네요. 학교 생활을 하면서 많고 다양한 친구들을 만날 수 있다는 장점이 있지만 한국처럼 친한 친구를 쉽게 사귀기가 힘들다는 단점이 있을 수도 있는데요, 만약 이 부분을 걱정하고 있다면 저는 방과 후 활동을 추천드립니다.

미국 고등학교는 한국의 고등학교와는 달리 방과 후에 하는 스포츠 클럽이나 여러 다양한 활동들이 체계적으로 잘되어 있습니다. 학교마다 조금씩은 다르겠지만 계절별로 스포츠가 나뉘어져 있어서 짧게 시즌으로도 도전해 볼 수 있습니다. 저는 가을 스포츠로 크로스컨트리를 선택했는데 아무래도 한국에서는 생소한 종목이니 간단히 설명해 드리자면, 숲, 들판, 언덕과 같은 곳을 달리는 장거리 경주입니다. 달리기를 잘하는 것도 아니고 스포츠에 관심이 많지도 않았던 제가 크로스컨트리에 가입한 이유는 바로 호스트 맘이 적극 추천해 주셨기 때문입니다. 호스트 맘이 스포츠를 하면 친구를 사귀는 것이 쉬워진다며 일주일만 해 보고 계속할지 결정하라고 조언해 주셔서 도전하게 되었습니다. 매일 학교가 끝나고 달리기를 하고 대회도 자주 나가다 보니 친구들과 더 쉽게 친해질 수 있었고 소속감도 많이 느낄 수 있게 되어서 좋은 경험이었습니다.

또 다른 방과 후 활동으로 뮤지컬도 했는데요, 학교에서 인어공주 뮤지컬 오디션을 본다는 소식이 들렸고 관심이 생겨 도전하게 되었습니다. 미국 고등학교의 뮤지컬은 음악 선생님과 뮤지컬 감독님, 안무가와 함께 연습을 하고 커다란 무대 세트까지 사용하여 규모가 상당히 컸습니다. 저는 Water, Maid 역할을 맡았습니다. 비중이 큰 역할은 아니었지만 대사도 있고 등장하는 장면들이 많아서 매우 만족했습니다. 무엇보다도 친구들과 함께 연습을 하면서 친해져서 좋았고 마지막 공연 날에는 다 같이 껴안고 울 정도로 많은 친구들과 소중한 추억을 쌓게 되었어요. 물론 저는 영어가 모국어가 아니다 보니 다른 친구들보다 더 열심히 연습했던 것 같습니다. 스포츠를 싫어하는 학생들은 이런 활동들도 괜찮을 것 같습니다.

　또한, 미국에서 생활을 하면서 다양한 방법으로 한국의 문화를 소개하려고 노력했습니다. 집에서는 한식을 자주 만들어서 호스트 가족들과 식사를 하고 저희 호스트 맘이 한국 드라마를 좋아하셔서 자주 함께 시청하고 한국 문화에 대해서 많은 이야기를 했습니다. 학교에서는 World Language Club에서 한국을 소개하는 발표를 하면 좋을 것 같아서 PPT를 만들어 학생들 앞에서 발표를 하는 자리를 가지게 되었고요. 더군다나 학교에서 한국인은 제가 유일해서 학생들에게 한국에 대한 긍정적인 인식을 심어 주고 싶기도 했습니다. 제가 그곳에서 한국을 대표한다는 느낌이 들다 보니 저도 모르게 더 열심히 하게 된 것 같네요. 또한 저도 미국의 문화뿐만 아니라 호스트 맘과 스페인 친구를 통해 멕시코와 스페인의 문화도 많이 알게 되었고 문화 교류를 하면서 재미있고 신기하기도 했습니다.

미국에 있었을 때 주기적으로 교환학생 관리자 선생님을 만나 티타임을 가지면서 가족이 그립지는 않은 지, 친구는 잘 사귀고 있는지와 같은 이야기들도 많이 하고 또 잘 챙겨 주셔서 도움을 많이 받았습니다. 물론 학교에서도 영어가 모국어가 아닌 학생들이 특정 수업에 어려움을 느낄 경우 따로 그 시간에 같은 수업 내용을 과외처럼 알려 주시는 담당 선생님도 계셨습니다. 학교에서 도움을 많이 받을 수 있어서 걱정 없이 다닐 수 있었습니다.

새로운 환경에서 혼자 적응해야 하는 상황에 놓이니 스스로 배운 점도 많았고 무엇보다 이전에는 할 수 없었던 다양한 경험들을 해 보고 그로 인해 성장할 수 있었던 것 같아서 뿌듯하기도 합니다. 많은 학생들이 교환학생 프로그램을 알게 되어 저처럼 값진 경험들과 추억을 만들 수 있으면 좋겠습니다. 감사합니다.

CHAPTER 2

교환학생 어떻게 신청할까?

교환학생 자격 및 진행 절차

참가 자격

미 국무부의 프로그램 규정을 준수하고 권한을 부여받은 미국 교환학생 재단의 선발 규정

구분	내용
참가 나이	15세~18.5세
내신 성적	최근 3년간 "C"(평균 70점) 이상
영어공인성적	ELTiS TEST 689 / 800(만점)
J1 비자	미국 비자(J1) 발급에 결격 사유가 없는 학생
기타	적극적이고 긍정적인 마인드로 새로운 환경 적응에 두려움이 없는 학생

* 선발 규정 중 참가 나이는 15세로 되어 있지만 프로그램 진행하는 미국 재단에 따라 14.5세도 참가를 허용하고 있다. 하지만 최종결정은 비자 인터뷰를 진행하는 대사관 영사의 결정에 따른다.

진행 절차

Step 1	Step 2	Step 3
상담 및 영어 테스트	영문 지원서 작성 안내	지원서 검토 및 재단
Step 4	**Step 5**	**Step 6**
미국 재단 합격 통보	DS-2019&비자 신청	출국 준비 및 국내 O.T
Step 7	**Step 8**	**Step 9**
홈스테이&학교 배정	왕복 항공권 구매	미국 출국

* 학생의 배정 상황 및 재단에 따라 진행 순서는 변동이 있을 수 있다.

(a) 상담 및 ELTiS TEST(온라인 시험)

지원 학생의 내신 성적표와 영어 인터뷰, 온라인 영어 테스트를 바탕으로 학생의 성향을 파악하고 공립교환학생에 적합한 학생인지 판단한다.

(b) 영문 지원서 작성(온라인 지원서 양식)

지원 시 필요한 서류 및 신상정보, 자기소개(영문 편지), 지원자를 잘 나타내는 사진, 건강검진 등을 안내한다.

(c) 지원서 검토 및 재단 송부

학생들이 정확한 지원서와 서류를 작성하고 제출하면 유학원 담당자는 학생들의 지원서를 검토하고 추가로 필요한 부분에 대해 안내한다. 그리고 지원서와 필요한 서류들은 정해진 기일 내에 제출되어야 한다. 학생들의 모든 서류가 완료되면, 유학원은 이를 미국의 해당 재단에 송부한다

(d) 미국 재단 지원서 합격 레터 발급

미국 재단으로 접수된 영문 지원서는 담당자의 검토를 거쳐 빠르면 2주 이내 늦으면 1개월 이내로 "합격" 또는 "불합격" 통보를 받게 된다.

(e) DS-2019 발급 및 비자 신청

DS-2019 원본은 미 국무부 발급 서류이며, 비자 신청에 반드시 필요한 원본 서류이다. 지원자는 한국 소재 미국 대사관에 직접 방문하여 인터뷰를 받게 된다. 비자 수속에 필요한 서류들은 부모님의 직업군에 따라 준비하는 서류들이 조금씩 달라질 수 있다. 비자 인터뷰에 통과한 학생은 여권에 미국 비자 스티커가 부착되어, 업무 기준일로 3~5일 이내로 희망 배송지로 수령하게 된다.

(f) 출국 준비 및 국내 오리엔테이션

학생들은 미국으로 출국하기 전 국내 오리엔테이션을 통해 프로그램에 대한 설명 및 출국 준비, 현지 생활에 대하여 교육을 받은 다음 출국을 해야 한다. 미국 재단이 요구하는 의무 사항으로 학생은 물론 부모님 중 한 분은 유학원이 주관하는 오리엔테이션에 반드시 참가하여야 한다.

(g) 홈스테이 및 학교 배정 정보

미국 학교와 현지 호스트 가족 배정은 미국 재단의 고유 권한으로 배정 정보는 유학원을 통해 받게 되며, 배정 지역이나 가족이 마음에 들지 않는다고 거부할 수 없다. 배정 정보를 받은 학생은 미국 현지 가정과 주기적으로 연락하며 안부를 주고받을 뿐만 아니라 출국에 대비하여 현지 생활에 도움이 되는 사전 정보들을 받아 차분하게 출국 준비를 하는 것이 좋다.

(h) 왕복 항공권 예약

출발은 배정받은 미국 학교 시작일에 맞춰 통상적으로는 3일 이전 출발을 원칙으로 하지만, 배정 상황에 따라서 학교 시작일 이후에 출국할 수도 있으며, 미국 호스트 부모의 요청에 따르거나 또는, 미국 재단에서 출발일을 정하는 경우도 있어 다양하게 출발한다. 출국 일이 정해졌으면 항공을 예약하고, 예약된 정보는 미국 호스트 부모에게 전달하여 공항 픽업에 문제가 없도록 한다.

> 교환학생은 프로그램 참가 기간이 정해져 있으므로 항공은 반드시 왕복 티켓으로 끊어야 한다. 또 예약 시 주의할 점은 대부분의 교환학생들은 배정 지역 특성상 미국 내 국내선을 1~2회 갈아타게 된다. 미국 도착 시 공항에 내려 입국 심사 및 세관신고를 하게 되므로 국내선으로 갈아타는 시간은 최소 3시간 이상의 여유를 두고 예약하는 것이 좋다.

(i) 출국 및 미국 현지 오리엔테이션

기본적으로 개별 출국이 원칙이다. 단, 재단에 따라 미국 내에서 오리엔테이션을 진행하는 경우도 있으며, 참가는 선택사항(참가비 별도)이다. 오리엔테이션에 참가하지 않는 학생들은 호스트 가정에 도착한 후 현지 지역 관리자를 통한 별도의 소규모 오리엔테이션에 참가하게 된다.

교환학생 영어 테스트(ELTiS)

ELTiS(English Language Test for International Students)란?

영어를 모국어로 사용하지 않는 학생들이 미국의 중, 고등학교 진학에 필요한 기본 영어 능력을 평가하기 위해 사용되는 시험이다. 이전에는 SLEP TEST라는 영어 능력 평가 시험이 있었지만, 현재는 ELTiS로 대체되어 사용되고 있다. 국제 교환학생 관리감독기관인 CSIET에서 2014년에 새롭게 지정한 테스트다.

ELTiS는 학업의 성취도나 학업태도를 평가하는 시험이 아니라, 학업을 하는 데 있어서 교재와 수업 내용을 이해할 수 있는지, 교사와 동료 학생들과 의사소통에 문제가 없는지 등을 평가하는 시험이다. 이 시험을 통해 학생들의 영어 능력을 확인하고, 미국의 중, 고등학교에서 정상적으로 학업을 수행할 수 있는지를 판단한다.

ELTiS는 현재 미국의 공립 및 사립교환학생 프로그램에 지원하는 학생들의 선발 기준으로 사용되고 있으며, 학생들의 영어 능력과 의사소통 능력을 충분히 갖추고 있는지를 확인하여 미국의 교환학생 프로그램에 적합한 학생들을 선택하고 지원 기회를 제공하는 데 사용된다.

Offline Test

듣기(25분), 독해(45분) 영역으로 나뉘어 총 70분간 진행되며 Form 1, Form 2 두 가지 유형으로, Form 1-265점 만점 기준 223점(SLEP 51점)/Form 2-300점 만점 기준 223점(SLEP 50점) 이상이 필요하다.

Online Test

2020년도부터 Online Test로 변경되었으나 코로나로 연기되었다가 현재는 Online으로 시험을 봐야 하며 ELTiS 정식 시험 센터로 등록된 유학원에서만 볼 수 있다. 시간에 대한 제한은 없으며 듣기 평가는 총 5개 영역에 29문항, 독해 평가는 총 3개 영역에 28문항으로 이루어져 있다. 오프라인 시험과 차이점은 문법 부분이 새롭게 추가되었으며 800점 만점에 689점 이상을 요구한다.

ELTiS 시험은 온라인으로 바뀌면서 집에서도 볼 수 있게 되었으며, 정식 시험 센터로 등록된 유학원으로부터 시험 등록번호(Ticket No.)를 받아 테스트를 치르게 된다. 시험은 볼 때마다 비용이 발생되므로 미리 오프라인으로 준비를 한 후 온라인 시험 보는 것을 추천한다.

F.

지원서 작성 요령 및 예시

재단 영문 지원서 작성 기본 구성

(a) Profile(학생 기본 정보)

① 환하게 웃는 상반신 사진(교환학생은 자원봉사자 가정의 가족들에게 호감을 줄 수 있는 가장 밝은 모습의 사진으로 준비하는 것이 좋다)

② 이름, 생년월일, 태어난 도시, 국적, 여권번호, 종교 등 기본 정보 입력

③ 출생 증명을 나타낼 수 있는 기본증명서 또는 주민등록등본 서류를 영문으로 발급

④ 여권 만료일은 프로그램 종료일부터 최소 1년 반 이상 남아 있어야 한다.

(b) 가족 정보

① 가족 사항, 주소 등을 작성한다.

(c) Activities/Interests

① 참가했거나 참가하고 있는 스포츠 또는 악기 관련 클럽 활동을 작성한다.

② 관심 있는 스포츠 또는 악기 관련하여 특별 지도를 받거나 꾸준히 연습하고 있는 것들을 기재한다.

③ 프로그램 참가 시 미국 학교에서 하고 싶은 액티비티 활동 등을 기술한다.

(d) Motivation (프로그램 참가 동기)

① 자신의 성향 소개(약 3개 정도의 단어로 자신을 표현 후 간단하게 설명)

② 자신을 소개하는 3분 이내의 동영상 제작

  - 자기 자신 및 가족들, 친구들에 대한 영상을 잘 보여 줌으로써 배정에 도움이 된다.

③ 학생의 자기소개서를 호스트 가족에게 보낼 영문 편지 형식으로 작성한다.

- 이 편지는 약 3,000자 이내로 작성하되, 프로그램에 참가하는 자신의 의지 및 목적을 잘 표현하고, 가족관계, 학교 생활, 교우관계, 취미, 특기사항 등을 설명하여 새로운 환경에 잘 적응할 수 있는 능력을 보여 주도록 작성한다.
- 단점보다는 장점에 중점을 두어 매력적으로 자신을 어필하는 것이 좋다.

학생의 자기소개서를 읽고 호스트 가정이 자신들과 함께 생활할 학생을 선택하므로 단점보다는 장점 위주로 작성하되, 자신을 어필할 수 있는 내용을 준비하는 것이 가장 좋다. 샘플 또는 번역기(Google, ChatGPT)를 통해 번역을 하는 경우가 있는데, 문맥이 맞지 않거나 글 내용이 잘못 번역되는 경우가 있으니 자신만의 언어로 직접 작성하는 것이 자연스럽고 좋다.

[자기소개 편지 예문 소개]

Dear, my future host family.

Hello! My name is 학생 이름. I would like to introduce myself and my family to you. My family consists of four people, including myself. My father is 49 years old. He works at GE Healthcare Company as an employee and has been with the company for a long time. On weekends, he and I play soccer and watch movies together. He works hard for my family and has a warm and tender heart. (학생과 아빠와의 관계)

My mother is 42 years old, and she is a homemaker. She is a good cook and takes good care of us. She always gives me good advice, and sometimes she teaches me how to solve Math problems, too. I enjoy talking with her about my school life as well as about other things. (학생과 엄마와의 관계)

My younger sister is 13 years old. She is in the 6th grade. Though we are not twins, people often mistake us for twins because we look very alike. She loves to draw pictures and read novels. Our family loves each other and always tries to do our best for one another. (학생과 동생과의 관계 및 우리 가족은 어떠한 가족이라고 소개)

Now, I would like to introduce myself. I am 15 years old and currently in the 3rd grade at 중학교 이름 (Middle School Name). Before attending middle school, I want to share some highlights from my elementary school life. In the 6th grade, I joined the broadcasting club as an announcer. I also participated in English speech and reading book contests. I won the 1st prize at school for both events. Even though I received the 2nd prize at the district level, I considered it a valuable experience. These activities have helped me develop good communication skills, a positive mindset, and a cheerful personality. In middle school, in the 1st grade, I joined the school orchestra as a 2nd violinist. I also became a member of the puzzle club in the 2nd grade. Currently, as a 3rd grader, I am participating in the debate club, where we read books and engage in meaningful discussions. (학생이 학교에서 클럽 활동했던 내용과 상 받은 경력에 대해서 소개)

I have many good friends at school and share a wonderful relationship with my teachers. I particularly enjoy Korean History and Music classes. The History teacher teaches in a way that is easy to understand and makes me curious about our ancestors' lifestyles and how they lived without modern amenities like cars and computers. Gyeongju is a culturally famous place, and I would also love to visit palaces in Seoul someday. Music is another passion of mine, as I have been playing the violin for 2 years and the piano for 10 years. I am especially skilled in Korean traditional dance, which is also one of my hobbies. Last summer vacation, when I went to Grants Pass, Oregon State, I brought a Korean traditional dress and music CD to perform a dance for Americans. It was a proud moment when they appreciated my performance with applause. If I have the opportunity, I would love to showcase my dance performance to my new friends and host family. (학생이 좋아하는 학교 과목과 왜 좋아하는지에 대한 이유 그리고 여행 관한 내용과 여행지에서 했던 경험 소개)

Additionally, I participate in the church orchestra, playing the 2nd violin. I also play the piano and enjoy playing the electronic piano before the service starts. Playing musical instruments brings me joy. (학생이 봉사 활동하고 있는 내용)

I have had the opportunity to visit other countries. I've been to Malaysia for a week on a school trip and Japan for a week with my friends. I met my long-lost friend in Japan. I missed her so much since she moved to the country with her family. I also spent a month in Grants Pass, Oregon State, staying at Thomas, Jordan, and their son Elread's house. At that time, Elread was 10 months old, and he was very cute. (여행에 관한 소개)

In the future, I aspire to become a great actress. I believe I have some talent for acting, and I am inspired by Amanda Seyfried's performances in musicals like "Les Misérables" and "Mamma Mia." Through this program, I hope to broaden my horizon and take another step closer to making my dreams come true. I also want to explore the wide world and learn about how people live in different situations and circumstances. While I am a bit worried about missing my family and friends, I am confident that I can adapt into new situations and environments. (학생 장래 희망에 대한 내용과 미국에서 생활하면서 취할 태도에 대해서 소개)

I am sincerely grateful that you will be taking care of me. I promise to treat you as my own family and respect you. I will also make the best of this opportunity to become a better person. (끝으로 호스트에 대한 감사 인사)

Thank you.
Sincerely,

From 학생 이름.

(e) 부모님 편지

호스트 가족에게 학생을 소개하는 내용으로, 새로운 환경에서 새로운 가족과 함께 생활할 자녀를 위한 장점을 잘 부각시켜 주는 내용으로 작성하면 된다. (분량은 A4 2/3 정도) 단, 너무 겸손한 표현으로 자녀의 약한 부분을 강조하거나, 잘 돌봐 달라는 부탁의 말은 크게 도움이 되지 않으니 참고하기 바란다.

(f) Photo Album

① 자기소개서 다음으로 호스트 가정이 가장 관심 있어 하는 것이 사진이다. 소개 글로는 학생을 직접적으로 볼 수 없으니 약 12~15장의 다양한 사진을 통해 학생의 표정이나 취미생활, 가족 분위기를 느낄 수 있기 때문이다.

② 가족, 친구, 액티비티(여행, 봉사, 클럽 활동 등) 관련 사진으로 준비하는 것이 좋고, 사진은 최근 2년 내에 찍은 사진으로 준비한다.

③ 사진을 통해 나의 모습을 보여주는 것이므로 가능한 선명하고 모습이 뚜렷한 사진들로 준비하되, 사진 안에 인물이 너무 많은 것보다 최대 5명 이내의 인물들로 구성된 사진을 준비하는 것이 좋다.

(g) 영문 성적증명서, 영어선생님 추천서

① 최근 3년간 영문 성적증명서를 제출

② 영어선생님(학교, 학원, 과외선생님 가능)은 재단에서 정해진 양식에 따라 추천서 작성

(h) Evaluation (평가)

① ELTiS TEST 성적표 제출

② 추가로 편지 형식인 주변 지인(친구, 가족, 선생님)들로부터 일반 추천서 제출(옵션)

(i) 건강검진서류

재단 지원서에 맞춰 반드시 건강검진을 받아야 하며, 청소년 소아과 또는 일반 내과에서 검진이 가능하나, 모든 병원이 다 가능한 것이 아니므로 방문 전 전화로 확인 후 예약을 하고 방문하는 것이 좋다. 병원 방문 전 재단 검진양식서를 미리 보내 놓으면 검진 시 시간이 절약될 뿐만 아니라 빠짐없이 백신접종 기록을 작성하는 것이 중요하다. 만약, 접종 기록이 누락되면 미국에서 추가 접종해야 하는데 국내보다 많이 비싸므로 유학원에서 소개하는 유학생 전문병원에서 검진과 접종받는 것이 편리하다.

(j) Program Options

프로그램 참가 시 학생이 별도로 선택할 수 있는 항목들이 몇 가지 있다.

① 미국 현지 오리엔테이션: 별도 비용이 발생되며, 코로나 상황과 같이 학생들의 안전이 보장되지 않는 경우 프로그램 진행을 취소하는 경우도 있다.

② 지역 선택: 미국 동부/서부/중부/남부 등 4개 지역으로 나눠 선택을 할 수 있으며 별도 비용이 발생되며 100% 배정을 개런티 하지 않으며 안 될 경우에는 환불해 준다.

③ 사립학교 배정: 프로그램 특성상 공립학교 배정이 원칙이나, 참가자가 선택할 경우 사립학교 배정을 요청할 수 있다. 다만 학비가 별도로 추가되나 비교적 저렴한 장점이 있다.

④ Double Placement(이중 배정): 타국에서 온 교환학생과 한 가정에 배정될 수 있으며, 지원서 상에 참가자의 선택에 해당하는 옵션 부분이지만 배정 상황에 따라 선택하는 것도 나쁘지 않다. 또한, 다른 국가에서 온 친구와 교류는 교환학생 프로그램을 통해서만 가능한 다양한 문화를 접할 수 있다는 장점과 글로벌 시대에 맞는 새로운 친구 관계를 형성할 수 있다는 장점이 있다.

(k) 동의서 서명

교환학생 프로그램에 참가하는 모든 학생과 학부모들의 프로그램에 대한 이해와 프로그램 참가 시 참가자가 지켜야 할 규칙, 응급상황 및 위반 사항에 대한 미국 재단들의 대처에 대한 동의서이다.

호스트 및 학교 배정

배정 방법 및 시기

학생이 작성한 자기소개서 및 포토앨범들을 본 호스트 가족이 선택하는 시스템으로 앞서 안내한 바와 같이 지원서는 꼼꼼하고 매력적으로 작성해 주는 것이 가장 중요하다. 호스트 가정이 결정되면 지역 관리자는 집 주소지가 속한 학군 내 고등학교에 등록 가능 여부를 확인하게 된다. 호스트 가족과 학교 배정이 완료되면 서류 작업 후 재단 본부로 보고하게 되며, 재단 본부에서는 모든 내용을 취합하여 배정서라는 양식을 통해 유학원에 전달한다.

배정서는 호스트와 학교 등록이 되어야 받을 수 있으며 일찍 받을 수도 있으나 대부분 출국 직전인 7~8월경(8월 학기 출국 기준), 11~12월경(1월 학기 기준)에 받게 된다.

미 국무부에서 정한 배정 마감 시한과 출국 시기는 아래와 같다.
- 8월 학기 마감: 8월 31일 (한국 시각 9월 1일 정오), 출국 시기는 9월 중순까지
- 1월 학기 마감: 1월 15일 (한국 시각 1월 16일 정오), 출국 시기는 2월 초까지

배정은 호스트 패밀리와 학교 정보가 모두 준비되면 서류로 받을 수 있다.
호스트 가정이 있으나 가까운 학교에서 교환학생 등록을 거부하거나 학교에 T/O는 있으나 자원봉사 호스트 가정을 찾기 힘든 경우는 안타깝지만 배정이 되지 않는다.
홈스테이 가정에 빠른 배정을 기대한다면 원서 작성 시 호스트 가족에게 매력적으로 보일 수 있도록 증명사진을 비롯한 포토앨범과 자기소개서를 충실히 쓰는 방법이 그 무엇보다도 중요하다.

배정서 수령

배정이 완료되면 배정서를 받게 된다.

배정서는 재단마다 양식이 다르지만, 호스트 가족사항(가족 관계, 직업, 주소, 전화번호, 이메일)을 비롯하여 배정된 학교(학교 이름, 주소, 전화번호), 지역 관리자의 정보가 있다. 어떤 재단의 경우는 호스트 가정이 작성한 원서(자기소개서, 집안 규율 등)를 같이 공개하는 경우도 있다. 가장 필요한 정보로 구성되어 있으니 꼼꼼히 살펴보고 잘 보관해 두는 것이 좋다.

[배정서 샘플 1]   [배정서 샘플 2]

배정서 수령 후 확인 사항

(a) 호스트 가족들의 정보를 확인한다

(b) 학교 이름과 주소 확인 후, 사이트에 들어가서 정보를 확인한다

① 학교 연간 일정(Calendar), 개설되어 있는 과목, 클럽 활동, 공지사항 등을 미리 확인하고 필요한 사항 등을 준비한다.

② 학교 클럽 활동이나 수강 과목을 미리 확인하고 신청하는 것은 학생의 몫이다.

(c) 지역 관리자의 정보도 미리 파악해 놓는다

(d) 호스트 가족 및 지역 관리자와 연락한다

① 배정서에 나와 있는 호스트 가족에게 이메일 또는 전화 통화를 하여 서로 인사를 나눈다.

② 호스트 가정과 미국에 도착하는 일정을 서로 의논하고, 그 일정에 맞춰 항공을 예약한다.

　　- 출국일은 학교 시작일로부터 3일 이내로만 가능하며, 재단에 따라 8월 15일 이후로만 입국
　　　이 제한되어 있는 곳도 있으니 해당 유학원 담당자와 미리 확인해야 한다.

　　- 호스트 가족의 요청으로 좀 더 일찍 들어오라고 하는 경우도 있으며, 이런 경우 재단의 허락
　　　하에 입국이 가능하다. 단, 보험료가 추가된다.

　　- 항공 일정이 확정되면, 출국 전까지 호스트 가족과 주기적으로 연락하며 서로 친분을 쌓는
　　　것이 중요하다.

③ 지역 관리자와 이메일 또는 전화를 통해 서로 인사하는 것이 좋다.

배정서를 받은 후, 호스트 가정과 지속적으로 연락하며 친분을 쌓는 것이 중요하다.

아무런 연락을 하지 않는 경우, 호스트 가정에서 자신들의 가정에 관심이 없는 것으로 판단하여 배정
을 취소하는 경우도 있으니 주의해야 한다.

처음에 인사 나누며 너무 많은 이야기를 하지 말고 순차적으로 어떤 내용을 질문할지에 대해 계획을
세운 후 그에 따라 연락하는 방법을 선택하는 것이 좋다.

배정과 비자 인터뷰와의 관계

　　재단의 진행 방식에 따라 다르지만, 배정과 비자 인터뷰는 별개로 진행된다. 비자 인터뷰에 필요
한 교환학생 초청장(DS-2019)은 재단 본부에서 발급하며, 배정은 지역 관리자의 역량에 따라 진행
되므로 두 가지는 별개로 진행된다. 즉, 비자 인터뷰 후에 배정을 받아 출국하는 경우 또는 배정을
받은 후 비자 인터뷰를 받는 경우 등 다양하게 진행이 될 수 있다. 비자 인터뷰 시 배정서를 받지
못했다고 하여 비자에서 거부되거나 하는 일은 발생되지 않으니 전혀 걱정하지 않아도 된다.

이가현 학생(2022년 8월 학기 SMG 재단-F1 공립교환)

용기 있는 도전으로 훌쩍 성장한 나

제가 처음 교환학생을 가기로 결정한 때는 중학교 3학년이었습니다. 용인시의 중학교에 재학 중이던 평범하지만 공부를 열심히 하는 모범생이었고 특목고나 자사고 진학을 꿈꾸기도 했지만 학년이 올라갈수록 점점 학업에 부담을 느꼈습니다. 그렇게 특별할 것 없는 무료한 일상을 보내던 중 우연히 알게 된 교환학생 프로그램은 우물 안의 개구리처럼 살아온 저에게 무언가를 선물해 줄 것만 같았습니다. 그렇게 교환학생 프로그램에 참가하기로 결정하고 나서 3개월이 채 안 되는 시간 동안 준비를 마치고 미시간주의 디트로이트 국제공항으로 향했습니다. 13시간의 긴 비행 끝에, 도착하고 짐을 찾아 게이트로 나오니 젊은 미국인 부부와 아이들이 먼 길을 온 저를 기다리고 있었습니다. 첫 번째 호스트 가족이었던 에밀리와 알렉스 부부, 그리고 2명의 아이들이었습니다. 기대했던 호스트 가족과의 첫날은 5살 윌리엄과 놀아주느라 침대에 눕자마자 곯아떨어졌던 기억이 납니다. 제 방은 지하에 있었는데 여름에는 시원하고 겨울엔 포근했답니다. 그리고 제가 출국 전부터 기도했듯이, 홈스테이 가족들과 평화롭게 지냈습니다.

미국 고등학교 첫날 영어로 말하는 것은 갓난아기 수준이다 보니 고작 네다섯 명의 친구밖에 사귀지 못해서 아쉬워했던 기억이 납니다. 하지만 시간이 지날수록 제 영어 실력은 하루가 다르게 발전했고 가끔씩 미국인이냐는 질문을 받을 만큼 억양과 발음 면에서 많이 향상되어서 뿌듯했답니다. 영어 실력이 발전하면서 옆 친구에게 아무렇지 않게 말을 걸 수 있는 레벨에 도달하자, 수업이나 동아리를 같이 듣는 친구들이 점차 늘어나기 시작했습니다. 숫자를 세기 어려울 만큼 많은 친구들을 만들었지만 가장 친하게 지냈던 몇 명을 꼽아 보자면, 합창단에서 만난 에디와

엠마, 같은 스포츠 팀의 알렉시스와 나베야, 그리고 체육 수업 짝꿍에서 베스트 프렌드로 발전한 케이틀린 등이 있습니다. 또래 친구들이지만 완전히 다른 문화와 환경을 가지고 있는 아이들과 친구가 된 것은 영광이었습니다.

덧붙여, 미국 학교에서 가장 좋았던 점은 다양한 클럽 활동을 경험할 수 있었다는 것이었습니다. 저는 1학기에는 연극 클럽의 소품 크루, 2학기에는 스포츠 라크로스에 몰두했습니다. 라크로스에 대해 설명하자면, 축구장 넓이의 필드에서 진행되는 미국 북부의 대표 스포츠로 작은 그물이 달려 있는 스틱으로 공을 주고받아 골대에 공을 쏴 득점하는 게임입니다. 두 클럽의 분위기나 운영 방식 자체는 매우 달랐지만 공통의 것을 좋아하는 학생들이 모인 곳이라는 것만은 같았지요.

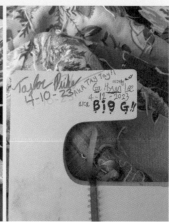

게다가 제가 1년 동안 참여했던 콰이어(합창단)는 매일 수업을 같이 듣는 만큼 학생들끼리 친목이 다져졌고 2월에 갔던 음악의 도시 네쉬빌의 수학여행은 잊지 못할 여행 중 하나가 되었답니다. 합창을 공부하고 부르며 생각했던 것보다 제가 노래와 가창을 좋아한다는 것을 알게 되었고 이 취미는 한국으로 돌아가더라도 계속 발전시키고 지속해 보고 싶다는 생각이 들었습니다. 클럽 활동들의 큰 장점은 클럽원들의 관심사가 비슷하다 보니 다 함께 어울리는 것이 매우 즐거웠고 제가 좋아하는 것이 무엇인지 찾아가는 그 과정 또한 즐거웠습니다.

그렇게 저의 교환학생 생활은 순조롭게 흘러가는 듯 보였지만 서로가 많이 익숙해지니 어린 아이들과 함께 생활하면서 느끼는 어려움이 생겼습니다. 모든 아이들이 그렇지는 않겠지만 아침마다 5살짜리 꼬마 윌리엄이 제 방에 들어와 방을 어지럽히고 마음에 들지 않으면 저를 할퀴려 하고 때리고 소리를 지르는 좀 밉상 짓을 하는 어린아이였거든요. 이러한 마찰이 계속 반복되면서 호스트 부모님과도 갈등이 생겼습니다. 이런 일이 생기다 보니 한국에 있는 부모님도 그립고 심한 향수병에 걸려 하루 빨리 한국으로 돌아갈 날만 기다리고 있었습니다. 하지만 한국에 있는 유학원 선생님들이 저희 고민을 함께 공감해 주시면서 저에게 대처하는 방법을 잘 설명해 주시고 관심을 많이 가져 주셔서 정말 큰 위안이 되었습니다. 다행히 일본인 교환학생이 살고 있는 다른 호스트 가정으로 옮기게 되면서 다시 즐거운 날들이 시작되었답니다. 새로운 호스트 엄마인 로라는 모험심이 가득해서 언제나 새로운 요리, 장소, 방식을 시도해 보는 것을 좋아하셨고 그로 인해 저도 더 모험적이고 사회적으로 변화해 갔습니다. 우리는 함께 카약킹, 여행, 짚라인 등 많은 야외활동들을 했고, 로라는 삼겹살이나 냉면 같은 한식을 시도해 보는 것에서도 망설임이 없었죠. 그렇기에 저는 두 번째 가브리엘 가족과 함께한 마지막 3개월이 저의 1년 중 가장 행복한 나날들이었다고 생각합니

다. 하지만 어느 가정이나 특별한 규칙이 있듯이, 우리는 학교나 약속에 늦으면 안 됐습니다. 지각을 할 때마다 매번 지적하셨고, 그 결과 아침에 반드시 정해진 시간에 일어나는 습관이 생겼지요. 작은 습관이지만 미국에 와서 바쁘고 부지런하게 살 수 있었던 것은 다 이런 습관들 덕분이었던 것 같습니다.

이런 크고 작은 해프닝들을 겪는 사이 어느덧 마지막 달이 다가왔습니다. 친구들과 함께 놀이동산과 프롬 파티에 가고, 라크로스와 콰이어의 banquet 연회에 참석하는 시즌이라 마지막 달이 가장 바쁘게 지나갔습니다. 마지막 이틀 동안 기말고사를 봤는데, 그때를 틈타 콰이어 교실에 큰 흰 티셔츠를 올려 두고 친구들에게 이름이나 간단한 작별 코멘트를 적어 달라고 부탁했습니다. 제가 교환학생 기간 동안에 만난 거의 모든 친구들과 심지어 선생님들까지 이름을 적고 저를 안아 주며 제가 그리울 거라고 했습니다. 그전까지는 한국에 돌아가고 싶다는 마음뿐이었는데, 작별 인사를 하며 안아 주던 친구들을 보며 이별이 이렇게 가슴 아픈 일인 줄 몰랐답니다. 절친했던 친구들과 포옹하며 나중에 꼭 다시 만나자고 미래를 약속했지요.

학사 일정이 끝나고 마지막 주는 가장 친하게 지냈던 친구들과 마지막으로 놀러 나가거나 호스트 가족과 시간을 보냈습니다. 그리고 드디어 6월 18일, 호스트 부모님 로라와 스콧은 저를 공항에 데려다주시고 짐 수속도 도와주시고, 탑승 수속 게이트에 들어가는 저를 보며 손을 흔드셨습니다. 저도 같이 손을 흔드는데, 갑자기 눈물이 쏟아져 나와 참느라 혼났답니다. 그리고 15시간의 긴 비행 끝에, 저는 한국으로 돌아왔습니다. 보고 싶었던 가족들과 친구들을 다시 만나게 되어 너무나 기뻤지만, 한편으로는 미시간주에서의 저의 시간이 그립기도 했습니다.

저는 교환학생을 다녀온 후에 정말 많은 면에서 성장했고 더 독립적인 사람이 되었습니다. 이제는 자발적으로 집안일을 돕고 스스로 제 할 일을 마친 뒤 운동이나 친구들을 만나는 것으로 스트레스를 풉니다. 모든 것이 어설프기만 했던 중학교 3학년의 저는 이제 제가 무엇을 좋아하는지 알게 되었고 제 자신을 더 사랑하게 되었습니다. 교환학생을 통해 얻은 것은 단순히 독립심뿐만 아니라, 어린 나이에 집에서 멀리 떨어져 지내며 다른 문화를 이해하고 수용할 수 있는 자세도 배웠습니다. 다른 사람들과 좋은 관계를 유지하며 소통할 수 있는 능력 또한 갖추게 되었고요. 이렇게 쌓은 경험을 바탕으로, 저는 여름방학이 끝난 후 텍사스주에 위치한 고등학교로 다시 유학을 가기로 했습니다. 새로운 도전은 언제나 떨리나 용기 있는 새로운 도전은 어떤 방식으로 든 저를 긍정적인 방향으로 이끌어 갈 것이라는 것을 알고 있습니다. 교환학생을 고민하시는 여러분들에게 꼭 하고 싶은 말이 있습니다. 너무 결과에 대한 두려움으로 고민만 하지 말고 용기를 내어 행동으로 옮겨 보시라고 권하고 싶습니다. 감사합니다.

CHAPTER 3

야~ 나 미쿡 간다!
출국 준비하자!

교환 방문비자(J1) 받기

(a) J1 비자란?

교환학생 참가자들이 받는 J1 비자는 미국 교환 방문자로 교육, 예술, 과학 분야의 인재, 지식 및 기술 교환을 장려하기 위한 것으로 강연이나 연구를 위해 미국을 방문하는 교수, 견습생(의료 및 관련 분야 등) 등이 프로그램에 참여할 목적으로 미국을 방문하는 경우에 발급되며 문화적 교류를 촉진하기 위해 만들어졌다. 미 국무성 공립교환 프로그램에 참가하는 청소년은 취업이 허용되지 않을 뿐만 아니라 프로그램 종료 후엔 반드시 본국으로 귀국해야 한다.

(b) J1 비자 신청 절차

DS-2019는 미 국무부 승인 프로그램 후원자(교환학생 재단)로부터 받아야 한다. 이 서류에는 프로그램 참가 기간, 프로그램의 목적, 프로그램 참가 기간 동안 최소 지원 가능 비용, 그리고 참가자의 국적이 표시된다. DS-2019 서류가 준비되면 J1 비자 신청서(DS-160)는 미 영사관이나 대사관 비자 신청 홈페이지에서 직접 작성 가능하며 거짓 없이 사실만 작성해야 한다.

(c) J1 비자 인터뷰 예약

J1 비자 신청서(DS-160)를 제출하고 난 뒤 비자 인터뷰 날짜를 예약하게 된다. 예약 전 비자 인지대(미국 비자 신청 홈페이지에서 확인 가능)를 반드시 납부(온라인 송금 가능)한 후 약 6시간 후(비자 인지대 납부 확인 소요 시간)에 비자 인터뷰 날짜 예약이 가능하다. 공립 교환학생의 경우, 대부분 유학원을 통해 교환학생을 가게 되므로 비자 인터뷰에 필요한 서류 및 절차는 유학원을 통해 도움을 받게 되므로 크게 걱정하지 않아도 된다.

(d) 비자서류 준비(샘플)

구분	내용
공통 서류	– 여권/만료일은 최소 1년 6개월 이상 남아 있어야 함 – DS-2019(교환학생 초청장/미국 재단 발행) – DS-160 확인증(비자 신청 서류 작성 완료 확인증) – 미국 비자 인지대 영수증 – 비자 인터뷰 예약 확인서 – 미국 비자용 사진(5*5cm)/최근 6개월 이내 찍은 사진만 가능 – 재정 보증인 서류 및 가족관계 증빙서류 – 재학증명서, 생활기록부 또는 성적 증명서 – SEVIS 영수증
재정 서류	– 영문 은행 잔고 증명서/최소 2만 5천 불 이상 증명 〈추가 재정 보증 서류〉 – 보험납입증명서 – 재산세(등기부등본), 임대차 계약서 사본
재직자	재직 증명서/소득금액 증명원/납세사실 증명서
법인의 대표자	재직 증명서/소득금액 증명원/사업자 등록 증명원/부가가치세 과세표준증명원
개인의 대표자	납세사실 증명서/소득금액 증명원/사업자 등록 증명원/부가가치세 과세표준증명원
프리랜서(작가, 화가) 등	소속 증명서/소득금액 증명원/사업자원천징수 영수증/팜플렛, 계약서/ 과세표준 증명원
농업/수산업/임업	조합원 증명서/선박 등록증 사본/가축대장/과수원대장

(e) J1 인터뷰 자세(복장 포함) 및 예상 질문

복장은 학생 신분을 강조하기 위해 교복을 착용하는 것이 좋다. 교복이 없는 경우 최대한 깔끔한 복장으로 준비하며 너무 요란한 장신구 착용은 피하는 것이 좋다. 영사의 질문은 대체로 비자 신청서에 기록된 내용을 바탕으로 질문을 하므로 크게 어렵거나 질문 내용이 길진 않지만 비자 심사를 담당하는 영사에 따라 질문 내용은 많게는 5~6개 또는 적게는 2~3개의 질문을 받게 된다. 그러나, 간혹 예상치 못한 질문이 있을 수도 있다. 그럴 땐 당황하지 말고 차분하게 자신이 이해한 만큼의 답변을 하면 된다.

[J1 예상 질문 내용]

A. 인터뷰 시 반드시 명심할 부분 3가지

1) 영사와의 아이컨택 즉, 상대방의 눈을 보고 말하기

2) 표정은 인터뷰 끝날 때까지 밝은 미소를 유지하기

3) 가능한 교복 착용을 하여 학생 신분임을 강조 또는 깔끔한 셔츠 차림의 복장 권유

B. 예상 질문 예상 답변(한글)

1. 미국에 방문하는 목적은? 문화 교류

2. 체류 기간은? 10개월 또는 1년

3. 체류 경비의 지원은 누구인가? 아버지 또는 어머니

4. 부모님 직업 또는 직종은? 어떤 일을 하시는지 구체적으로 답변

5. 미국에 연고자가 있는가? 있다 또는 없다(없다는 답변이 좋음)

6. 미국에서 머물 곳은? 배정이 된 곳 "주" "도시" "학교 이름" 암기 또는 배정이 안 된 경우는 아직 배정을 받지 못했다고 얘기한다.

7. 미국 출국 일정은? 배정된 학교 시작일 또는 미배정일 경우는 배정 후 알 수 있다고 답변

8. 귀국 후 계획은? 한국 학교로 복학을 강조(공립교환 참가 후 설령 사립유학 계획이 있더라도 반드시 국내 복귀로 답변해야 한다)

C. 답변은 짧고 간단하게 물어본 질문만 영어로 대답을 하면 된다

1. What are you going to the US for? I am going cultural exchange in USA.

2. How long are you going to stay in the USA? For 10 months/For 1 year.

3. Who is the support? My father/My mother

4. What do your parents do? My father works for (하는 업무) and mother is a housewife.

5. Any relatives or friends over there? NO or YES

6. Which state are you heading for? I haven't decided yet. /배정 정보에 있는 내용

7. When are you going to US? I am going to USA on Dec 30th or around end of Dec.

8. What are you going to do after program? Return to school in Korea.

D. 최근 교환학생이 비자 인터뷰 시 질문 내용

- 방문목적이 무엇입니까? What is the purpose of visiting?

  The purpose of my visit is a cultural exchange. (To study라고 하면 안 됨)

- 혼자 갑니까? Are you going alone?

  YES, I will go alone.

- 어디로 가나요? Where are you going?

  I haven't decided yet. I am waiting a host placement.

  또는 I am going to go. 배정된 지역.

- 고등학생입니까? 몇 학년입니까? Are you high school student?

  Yes, I am in 9th grade (중3 경우)/10th grade (고1 경우)

- 어디서 머무나요? 홈스테이 아니면 기숙사? Are you staying at homestay or dormitory?

  I will stay with a host family/or in a dormitory. 본인 거주 형태 맞춰 대답

- 어느 정도 기간 체류하나요? How long are you going to stay?

  I will stay for 10 months.

- 누가 경제적 서포트를 해 주나요? Who is going to support?

  My father/mother. (부모님 직업에 대해서도 미리 알아 둘 것)

(f) 미국 대사관 방문하여 비자 인터뷰하기

미국 대사관은 지하철 5호선 광화문역, 2번 출구로 나가면 된다. 걸어서 멀지 않은 거리에 있으므로 찾는 데는 어려움이 없다. 예약된 시간에 대사관 입장이 시작되므로 적어도 30분 일찍 가서 기다려야 한다.

대사관 문을 들어서면 1층에서 보안 검색을 받은 후 2층으로 가라는 안내를 받게 된다. (비자 인터뷰는 당사자만 입장이 가능하다). 2층에서 지참한 서류를 확인받은 뒤, 인터뷰를 위한 줄을 서게 된다. 비자 인터뷰에서 문제점이 없다고 영사가 판단한 경우, 여권을 제외한 모든 서류를 다시 돌려주게 된다. 이때 돌려받은 DS-2019(교환학생 초청장) 원본은 출국 시 필요하므로 출국 전까지 잘 챙겨 놓아야 하며, 수화물(캐리어)에 넣지 않도록 주의한다.

만약 비자를 거절당했을 경우 초록색 용지 또는 주황색 용지와 모든 서류를 돌려주게 되며, 용지에 적혀 있는 방법에 따라 추가 보완서류를 준비하여 다시 비자 인터뷰를 진행해야 한다. 이 경우 미국 비자 취득까지 예상보다 시간이 많이 소요될 수 있어 가능하면 비자 인터뷰 준비는 전문가를 통해 도움을 받는 것이 좋다. 비자 인터뷰가 정상적으로 통과되었을 경우 3~4일(영업일 기준) 이내로 비자 스티커가 부착된 여권을 택배로 받게 되지만 간혹, 1주일 정도 소요되는 경우가 있을 수 있다.

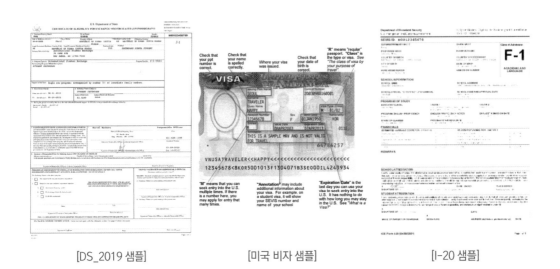

[DS_2019 샘플]　　　　　　[미국 비자 샘플]　　　　　　[I-20 샘플]

의료보험 가입

공립교환학생의 경우 미국 재단이 직접 가입하는 현지 여행자보험에 의무적으로 가입되며, 교환학생 생활 동안 간단한 의료 혜택은 보험으로 커버가 된다. 재단에 따라 보험사가 다르므로 보장 내역이 달라질 수 있으니 미리 확인해 봐야 한다.

학생이 기존에 질병 혹은 질환이 있다면 보장되지 않으며, 기왕력이 있는 학생들은 호스트 가족에게 미리 주치의가 있는지 확인하고 병원 방문 시 도움을 받아야 한다. 보험은 미국 재단이 제공한 보험 가입 웹사이트를 참고하고 재단에서 받은 본인의 아이디카드를 프린트해 두도록 한다. 병원을 방문했을 경우 학생은 반드시 본인의 이름으로 영수증을 받을 수 있도록 한다.

(a) 보험 및 응급 사항에 적용되지 않는 경우

① 예방 접종

② 학생이 보유하고 있는 질병

③ 일반적인 치과 치료, 안과 치료

④ 산부인과 계통의 진료

⑤ 클럽 활동 등 운동경기 참여를 위한 신체검사

⑥ 척추 지압 치료 또는 비의료인에 의한 치료

⑦ 본인의 운전에 의한 부상 또는 오토바이 합승에 의한 부상

⑧ 학교 교직원이 감독하지 않는 스포츠 활동

⑨ 생명과 관계된 위험한 스포츠 활동: 스쿠버 다이빙, 아이스하키, 유도, 가라데, 번지점프, 승마
　　(점핑), 행글라이딩, 사냥, 총기 사용 등

(b)교환학생재단 보험카드 샘플

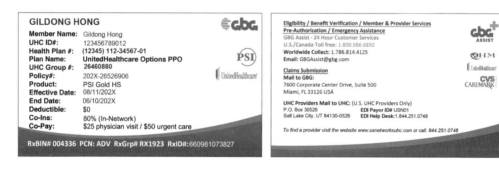

* 본인이 가입된 보험회사의 실제 보장 내역을 학생들은 꼭 확인하시기 바란다. *

해외 사용 가능 체크카드 신청하기

　교환학생은 프로그램에 참가하는 동안 매달 약 300~500달러의 용돈을 지니고 있길 권장한다. 용돈 사용 용도로는 학교 생활비(점심값 포함), 의류, 위생용품, 개인 경비 및 핸드폰 비용 등이며 이 비용들은 개인적으로 충당해야 한다. 또한, 호스트 가족으로부터 돈을 빌리거나 빌려주는 행위는 하시 말아야 한다. 본인 앞으로 정구된 청구서는 매달 지불해야 하며, 어떤 상황에서도 다른 사람에게 직불카드 혹은 신용카드의 정보(카드번호, 비밀 번호 등)를 알려 주어서는 안 된다. 가능하면 현금을 많이 지니는 것보다 직불카드를 쓰는 것을 권장한다.

해외 사용 체크카드의 경우, 한국에서 학생 명의로 된 국내 은행 계좌의 체크카드로 해외에서 사용이 가능하도록 미리 신청하여 현지에서 사용하도록 한다. 한국 부모님의 학생 계좌에 매달 일정 금액의 용돈을 입금해 놓으면 학생이 출금하여 사용 가능하다. 다만, 현금 인출 때마다 일정액의 수수료가 부가되므로 매월 적당한 금액의 사용할 현금을 한 번에 인출하는 것이 좋다.

국제전화 신청하기

국무부 교환학생들은 미국 현지에서 참가 기간이 1년으로 제한이 있어 현지에서 휴대폰 개통은 비효율적이다. 미국 재단에서도 호스트 가정에 보증 부담을 주는 현지 휴대폰 개통은 금지하고 있으며 모든 교환학생은 자국에서 이 문제를 해결하고 오길 요청하고 있다. 학생들은 국제전화 전문 업체를 통해 유심을 구매하고, 미국 번호를 부여받은 후 현지 도착하여 유심칩 변경으로 기존 한국에서 사용하는 카톡과 연락처를 이용할 수 있기 때문에 큰 불편없이 소통이 가능하다. 미국은 지역에 따라 개통이 가능한 통신사가 정해져 있으니 배정이 되면 유학원이나 국내에 있는 국제전화 업체에 지역을 알려 주고 사용 가능한 통신사로 가입하는 것이 좋다.

왕복 항공권 예약하기

반드시 왕복 항공권으로 구매해야 한다. 학생들은 호스트 배정서를 받게 되면 호스트 가정과 소통하여 픽업 일정을 확인한 후 항공 예약을 하며 해당 유학원은 재단에 학생의 항공 일정을 전달한다. 항공은 언제 어떤 항공편을 이용하는지에 따라 금액 차이가 있으며 교환학생들이 배정된 지역은 우리에게 익숙한 도시들이 아니므로 항공예약 시 유학원에 문의하고 발권하는 것을 권장한다. 간혹 인터넷으로 저렴하게 항공권을 구매한 학생들 중 항공 일정 변경이 불가하여 재구매를 하므로 인해 오히려 더 많은 비용이 발생하는 경우가 있으니 유의해야 한다. 대부분 학생들은 귀국일을 1~2회 정도 변경하게 되므로 약간의 수수료를 지불하더라도 여행사의 서비스를 받는 것이 현명한 방법이다.

승객성명 Passenger Name	항공권번호 Ticket Number	예약번호 Booking Reference
HONG / GILDONG	001234567890	1234-5678

1

서울 ICN Incheon international Terminal No. 2 17AUG22(수)10:45 (Local Time)	✈	디트로이트 DTW Metropolitan wayne co Terminal No. EM 17AUG22(수)10:45 (Local Time)	DL0158 예약번호: ABCDEF Operated by DL DELTA AIR LINES

DELTA AIRLINES은 인천공항 제2여객터미널 에서 운항합니다.

예약등급 Class	Y(일반석)	예약상태 Status	OK (확약)	비행시간 Flight Time	13시간
운임 Fare Basis	YRTKR	항공권 유효기간 Validity	- ~ -		
수하물 Baggage	1PC	기종 Aircraft Type	AIRBUS A350-900		

2

디트로이트 DTW Metropolitan wayne co Terminal No. EM 17AUG22(수)13:59 (Local Time)	✈	MEMPHIS MEM Memphis intl Terminal No. - 17AUG22(수)14:54 (Local Time)	DL3824 예약번호: ABCDEF Operated by DL SKYWEST DBA DELTA CONNECTION

예약등급 Class	Y(일반석)	예약상태 Status	OK (확약)	비행시간 Flight Time	1시간 55분
운임 Fare Basis	YRTKR	항공권 유효기간 Validity	- ~ -		
수하물 Baggage	1PC	기종 Aircraft Type	CANADAIR REGIONAL JET 900		

3

MEMPHIS MEM Memphis intl Terminal No. - 24MAY23(수)06:30 (Local Time)	✈	디트로이트 DTW Metropolitan wayne co Terminal No. EM 24MAY23(수)09:22 (Local Time)	DL2972 예약번호: ABCDEF Operated by DL DELTA AIR LINES

예약등급 Class	K(일반석)	예약상태 Status	OK (확약)	비행시간 Flight Time	1시간 52분
운임 Fare Basis	KHXOZKYK	항공권 유효기간 Validity	- ~ -		
수하물 Baggage	1PC	기종 Aircraft Type	BOEING 717-200		

4

디트로이트 DTW Metropolitan wayne co Terminal No. EM 24MAY23(수)13:30 (Local Time)	✈	서울 ICN Incheon international Terminal No. 2 25MAY23(목)16:30 (Local Time)	DL0159 예약번호: ABCDEF Operated by DL DELTA AIR LINES

예약등급 Class	K(일반석)	예약상태 Status	OK (확약)	비행시간 Flight Time	14시간
운임 Fare Basis	KHXOZKYK	항공권 유효기간 Validity	- ~ -		
수하물 Baggage	1PC	기종 Aircraft Type	AIRBUS A350-900		

[왕복 전자항공권 예시]

박수임 학생(2019년 8월 학기 ISE 재단-J1 공립교환)

교환학생은 일생일대의 특별한 기회!

안녕하세요, 예스유학을 통해 루이지애나 주로 교환학생을 다녀온 박수임입니다. 처음 미국에 도착하여 호스트 가족과 첫 만남부터 학교 생활까지 10개월이란 시간이 너무 빠르게 지나간 것 같아 아직도 교환학생 기간의 미국 생활이 많이 그립습니다. 미국에 밤늦게 도착해서 짐 찾는 걸 기다리고 있었는데 가족들이 모두 나와서 반겨 주셨던 첫 만남부터 호스트 엄마의 여동생 부부도 와 주셨고 너무 반겨 주시는 모든 가족들 덕분에 어색함 없이 미국 생활에 금방 적응할 수 있었던 것 같습니다.

저의 미국 가족들은 아이들이 6명이나 되는 대가족이었습니다. 가족들은 호기심도 많고 여행을 좋아해서 많이 놀러 다녔는데 아이들이 많다 보니 정신이 없기도 했지만 오히려 더 재미있었답니다. 처음에는 이렇게 많은 아이들과 함께 있어 본 적이 없어서 걱정했는데 막상 지내고 보니 너무 좋았어요. 즐겁게 지내다 보니 시간이 너무 빨리 흘러가서 남은 시간들을 좀 더 알차게 보내겠다는 생각을 하게 되었던 것 같습니다.

첫 등교하고 약 한 달 동안은 수업 시간에 선생님이 무슨 말씀을 하시는지 알아듣기가 조금은 힘들었습니다. 한국에서 영어 공부를 좀 더 많이 하고 올 걸 하는 생각이 밀려왔지만, 그래도 시험 자체는 쉬워서 집에서 공부 조금만 하면 성적은 잘 나왔습니다.

학교 친구들은 모두 착해서 금방 친해질 수 있었습니다. 한국과는 조금 다르게 처음 본 친구들도 얼굴 몇 번 마주치면 쉽게 말을 걸 수 있어 좋았습니다. 친구들과 친해지면서 가까운 친구 집 바비큐 파티에 초대받아 즐거운 시간을 보내기도 했습니다. 친구 가족들이 교환학생인 저에 대해 많은 관심을 가지고 이것저것 물어봐 주셔서 금방 친해졌고 같이 카드 게임도 하고 재미있게 놀았습니다.

그리고 한국에서는 할 수 없는 경험들을 해 보고 싶어서 소프트볼 팀에 들어갔습니다. 다행히 작은 학교라 선수들이 별로 없어서 별도의 체력 테스트 없이 그냥 들어갈 수 있었습니다. 처음에는 학교 규모가 작아 조금 실망스러웠는데 이런 좋은 점도 있다는 것을 알고, 미국에서 일 년이 다 마음먹기에 달려 있다는 걸 알게 되었습니다. 만약 큰 학교라 입단 시험이 있었다면 제가 소프트볼 팀에 들어갈 기회는 없었을 겁니다.

저의 호스트 가족들은 제가 한국 요리를 해 주면 너무 좋아합니다. 여러분이 요리를 못하더라도 한국 요리 두세 개 정도는 만들 수 있도록 연습하고 오면 좋을 것 같습니다. 제가 있었던 지역에는 전 세계에서 온 교환학생들을 위한 'friends giving'이라는 날이 있었는데 이날에는 각자 자기 나라 음식을 가져가야 했습니다.

저는 원래 요리를 좋아해서 괜찮았지만 만약, 요리할 줄 아는 게 없다면 이런 모임에 적극 참여하지 못할 테니 많이 아쉬울 수 있어요.

호스트 가정에 어린 아기들이 있어서 쿠키를 만들어줬는데 미국에 없는 맛이라고 너무 좋아해서 뿌듯했습니다. 요리나 게임같이 소소하지만 호스트 가족과 같이 할 수 있는 것을 하나쯤은 준비해 가면 좋습니다.

저에게는 그립고 아쉬움이 많이 남는 미국 교환학생 생활이 교환학생을 꿈꾸며 지원하는 후배들에게 도움이 될까 하여 글을 써 보았습니다. 감사합니다.

미국 생활 적응을 위한 준비사항

영어 실력 향상 및 미국 학교 수업 준비하기

영어 실력 향상을 위해 영어 강의나 온라인 자료를 활용하는 것이 좋다. 영어 회화, 듣기, 읽기, 쓰기 능력을 모두 향상시키는 데 중점을 둔다. 또, 뉴스 기사, 영어 도서, 영화, 드라마 등을 통해 영어 리스닝 스킬을 강화하고 일상 영어 표현을 습득하는 데 도움이 된다. 영어 스피킹 능력을 향상시키기 위해 영어 스피치 클럽, 영어 토론 그룹, 온라인 영어 수업, 전화영어 등이 유용하다.

미국 고등학교 수업 준비는 고등학교 과정과 커리큘럼을 미리 조사해 본다. 어떤 과목들이 있고, 어떤 교재를 사용하는지 등을 파악해 두면 유리하다. 학교 수업에 자주 나오는 주제나 학습 내용들을 미리 예습하고, 관련 자료들을 찾아보는 것이 도움이 된다.

한국 역사 공부 및 영문 자료집 준비하기

한국의 청소년 대표로 참가하는 교환학생들은 한국의 역사와 문화에 대한 질문을 많이 받게 될 것이다. 그러므로 한국의 문화, 음식, 역사에 대한 정보를 준비해 간다면 상당한 도움이 될 것이다. 한국 역사에 대한 자료는 용산 국립중앙박물관(museum.go.kr)을 방문하여 관람도 하고 영문 소개자료와 엽서 등을 미리 확보하여 한국을 알리는 자료집으로 이용하는 것도 좋다. 또한 현재 한국의 모습을 가장 잘 안내해 주는 한국관광공사(www.visitkorea.or.kr) 사이트에서 한국의 각 지역별 명소, 음식, K-문화 안내를 하는 E-Book 자료집을 다운받아 사용할 수 있다. 미국에 있는 뉴욕 한국 문화원(www.koreanculture.org) 사이트에도 한국의 역사에 대해 아주 자세히 소개되어 있으니 이러한 자료를 적극적으로 활용하면 좋다.

미국 역사 및 정치경제 공부하기

교환학생은 미국 역사 과목은 필수로 수강을 해야 한다. 한 나라의 역사를 배운다는 것은 생소하기도 하고 무조건 외워야 하기에 교환학생들이 가장 힘들어하는 과목이다. 미국 역사책은 시중 서점에서 자신에게 가장 이해가 쉬운 책을 선택하여 읽고 가는 것을 권한다. 또한, 그 책을 미국에 갈 때 가지고 간다면 수업에 많은 도움을 받을 수 있다.

호스트 가족, 미국 학교 친구들 선물 준비하기

한국의 문화나 전통을 표현해 줄 수 있는 작고 저렴하며 실용적인 선물을 준비해 가는 것이 좋다. 우리나라의 특산품이나 한국의 전통 공예품 등 호스트 가족과 친구들을 위해 핸드 메이드로 제작한 작품이나 취미로 만든 선물을 드리는 것도 좋은 방법이다. 개인적이고 정성이 담긴 선물은 특별한 의미를 전달할 수 있다.

지역 관리자의 선물을 별도로 준비한다. 교환학생 기간 동안 나를 평가하고 도움을 주는 분이므로 소중한 관계 형성이 필요하다. 학교 친구들과 선생님을 위한 선물까지 다양한 종류로 준비하여 학교 생활 적응에 사용하는 경우도 있다.

한국 음식 연습하기

한국에서는 부모님이 음식을 대부분 준비하여 주기 때문에 학생들이 집에서 요리하는 기회가 많지 않다. 한국 부모님들 또한 음식을 준비하기엔 어리다고 생각을 하고 음식 준비와 관심은 성인 때 하는 것을 당연시 여기는 경우가 있는데, 미국은 오히려 미성년자 자녀들에게도 음식 준비할 때 함께하고, 가족의 일원으로서 자신의 역할을 어릴 때부터 훈련시키고 있다. 그렇기 때문에 한국 학생들이 자신들에게 전적으로 의존하는 것에 대해 많이 당황해하고 이해를 못 하는 경우가 많다 교환학생에 참가하는 만 15세의 연령대면 충분히 자신이 먹기 위한 음식을 준비하고 또 가족을 위해 음식을 해 줄 수 있다고 생각하므로, 집안일을 도와주거나 간단한 음식을 할 수 있는 정도는 미리 연습을 하고 가길 바란다. 미국 호스트 가정에서는 한국 학생이 온다면 당연히 한국 가정에서 어떤 음식을 먹는지에 대해 궁금해할 것이다. 그러므로 호스트 가족들에게 소개하고 싶은 간단한 한국 음식 몇 가지는 미리 연습을 하는 것이 좋다.

출국 전 건강검진 하기

(a) 치과와 안과

치과나 안과는 의료보험에 적용되지 않으므로 출국 전에 미리 검진을 받는 것이 좋다. 안경을 쓰는 경우, 여분의 안경과 렌즈를 준비해 가는 것이 좋다. 또한 영문 시력검진표를 가지고 간다면 추후 현지에서 안경이나 렌즈를 새로 맞출 때 도움이 된다.

(b) 백신접종

교환학생 원서 작성 시 필수 예방접종을 하지 않았다면 출국 전에 필히 백신 접종을 받아야 한다. 미국 대부분의 학교에서는 백신 접종 기록을 꼼꼼히 살펴보고 있으며, 학교에 따라 추가 접종을 요구하는 경우가 있다. 이 경우, 그 결과가 나올 때까지 등교가 불가능할 수도 있다. 백신접종 비용은 보험으로 커버가 되지 않으니 출국 전 미리 맞고 나가는 것이 중요하다.

준비물 리스트 만들기

출국 전 호스트 가족과 이야기를 나눌 때 무엇을 가져가는 게 좋을지, 그리고 그곳의 날씨는 어떤 지를 먼저 물어보는 것도 좋은 방법이다. 미국의 학생들은 정장 차림이나 화려한 옷을 입고 다니지는 않는다. 그러한 옷은 주로 파티, 학교행사, 교회 또는 특별한 레스토랑에 외식 갈 때 입는 편이다. 미국의 10대들은 캐주얼을 입고 등교한다.

(a) 학교 등교 시 입을 옷 준비(부족한 옷은 계절에 따라 현지 마트에서 구입)
① 남학생: 편한 캐주얼 옷, 셔츠, 스웨터 그리고 운동복 스타일의 스웨터
② 여학생: 편한 차림의 옷, 셔츠, 블라우스, 스웨터

(b) 한 두벌의 정장 스타일의 옷
① 남학생: 정장 또는 활동적인 재킷, 정장 셔츠와 넥타이
② 여학생: 원피스나 투피스

(c) 운동복: 트레이닝 복, 모자 달린 풀오버 재킷

(d) 신발: 구두, 운동화, 부츠(필요시)

(e) 외투: 재킷, 코트, 장갑, 모자(계절과 날씨에 따라 다름)

(f) 속옷, 양말과 개인 소지품

(g) 옷 외의 준비할 물품들

① 항공권(왕복)

② 용돈

   - 해외에서 쓸 수 있는 체크카드 준비

   - 비상금(대략 $500 정도): 고액권과 소액권으로 나누어 준비하면 좋다.

③ 해외 유심카드

④ 개인 위생용품(샴푸, 치약, 칫솔, 손톱깎이, 재봉용구, 화장품, 빗 등)

⑤ 비상 약품(감기약, 소화제, 설사약, 해열제, 위장약, 등 기타 특이사항은 처방전 소지)

⑥ 콘택트 렌즈와 관련 물품, 여분의 안경

⑦ 전자사전, 건전지, 카메라, 멀티 탭(미국은 110V), 일기장

⑧ 사전(영영), 미국 역사책(한글), 간단한 회화 참고서, 한국을 알릴 수 있는 책이나 자료 등

⑨ 호스트 가족, 지역 관리자, 학교 친구들에게 줄 선물(부피가 작고 비싸지 않은 것)

⑩ 한국요리 책은 유튜브에 있으므로 나만의 요리 레시피에 대한 정보

⑪ 호스트 가족과 새 친구들에게 설명해 줄 한국에 관한 정보 영문 자료집 준비

⑫ 호스트 가족 및 지역 담당자 연락처 저장하기

* 다음과 같이 체크리스트를 만들어 필요 물품 준비를 놓치지 않는 것도 좋은 방법이다.

체크	준비물	내용
	여권(복수 여권)	분실 대비 원본과 별도로 사본 보관 권장
	DS-2019 or I-20	

	항공권	프린트물로 준비(분실 시, 이메일에서 다운 받아 사용 가능)
	현금	너무 많이 소지하지 말 것(용돈으로 월 $300~500를 권장하며, 출국 시 약 3개월 치의 현금을 챙긴다. 소액권도 준비)
	현금지불카드 또는 체크카드(Debit Card)	미국에서 한국의 부모님으로부터 용돈을 받을 수 있는 현금지불카드 또는 현지에서 사용 가능한 체크카드(Debit Card) 발급
	미국용 USIM	미국 현지에서 사용 가능한 USIM 구입
	사진	여권 분실 및 학교 제출 시 사용할 여권 사진(5장 이상), 가족, 친구 사진
	의류	호스트 가족에게 현지 기후를 미리 알아보고 기후에 맞게 옷을 준비하되 짐이 많은 경우 한 번에 다 가져가려 하지 말고 필요한 옷만 준비한다. 속옷과 양말 등의 면류는 한국의 것이 싸고 품질이 좋다. (정장이나 한복은 선택사항)
	슬리퍼, 샌들	집에서 편하게 사용 가능한 신발로 준비
	재봉 용구	바늘, 실, 손톱깎이, 면봉
	비처방 의약품	소화제, 위장약, 감기약, 외상약, 반창고, 비타민, 기타 상비약 (개인별 복용해야 하는 의약품이 있을 경우, 반드시 영문 처방전을 함께 가지고 나간다.)
	사전	가볍고 얇은 것으로 한영/영한 등을 준비한다. 전자사전도 좋다.
	문구류	미국과 한국의 노트 사이즈는 다르나 비상용으로 준비
	전기면도기/헤어드라이어	110V~220V와 110V 겸용으로 준비(돼지 코-플러그)
	한국 상징물	그림엽서, 사진, 태극기, 저렴한 선물(열쇠고리, 핸드폰 줄 등)
	화장품	개인 화장품, 로션, 선블럭 크림
	안경, 콘택트렌즈	여유분까지 준비(미국에서 시력 측정 후 안경 구매는 비용이 높음)
	호스트 가족 선물	한국의 문화나 전통을 표현해 줄 수 있는 작고 저렴하며 실용적인 물품을 준비(책갈피, 열쇠고리, 사진 엽서 등)

미국 입국 준비하기

(a) 미국 입국 심사(Arrival Immigration)

① 미국 도착하는 첫 공항에서 모든 입국자는 미국입국 여부를 심사하는 과정을 거치게 되어 있다. 최대한 비행기가 착륙하면 빠르게 움직여 심사대에 줄을 선다.

② 여권, DS-2019(혹은 I-20). 왕복 전자 항공권을 심사관에게 보여 준다.

③ 심사관이 돌려주는 여권, DS-2019(혹은 I-20)는 미국에서도 계속 필요하니 잘 받아 보관하도록 한다. 만약 이 서류를 분실할 경우엔 즉시 지역 담당자에게 연락하여 재발급을 받아야 하며, 이때는 추가비용이 있다.

④ 입국 심사대(Arrival Immigration) 통과후 전광판에서 탑승한 비행기의 수하물 수취대 (Baggage Claim) 번호를 확인하고 짐을 찾는다.

⑤ 세관 심사대(Customs Declaration)를 통과한다.

- 간혹 세관에서는 여러분의 가방 등을 보여줄 것을 요청하기도 한다. 허가 받지 않은 육류, 과일 및 식물류나 살아 있는 어떤 것도 휴대해서는 안 된다. 이와 같은 것을 반입하는 것은 불법임을 꼭 기억하길 바란다.

⑥ 환승할 경우, 짐을 찾은 후 환승 수하물(Luggage)을 다시 부쳐야 하며, 기내용 가방(Carry-On Luggage)은 부치지 않는다.

(b) 환승(Transfer/Transit)

① 국제선(International)에서 입국 심사 마치면 환승을 위한 국내선(Domestic) 청사로 이동한다.

② 연결편 탑승권이 있는 경우, 출발 게이트(Gate)로 바로 이동한다.

③ 연결편 탑승권이 없는 경우, 자신이 환승할 항공사의 도착 층(Departure Level)의 Check-in Counter로 이동하여, 항공 티켓을 발급받아야 한다.

④ 출발 게이트(Gate in Boarding Level)로 이동하고 안전 검사대(Security Inspection)를 통과해야 한다. 출발 시간을 확인하고 1시간 전까지는 반드시 출발 게이트 앞에 있다가 정시에 탑승 (Boarding)하도록 한다. 미국은 4개의 시간대를 사용하므로 현지 시간을 꼭 확인해야 한다.

최종 목적지까지 가기 위해 다른 터미널로 이동을 해서 국내선으로 갈아타야 하는 경우가 많다 이러한 경우 현지 공항 관계자로부터 도움을 받을 수 있으니 반드시 유니폼을 입은 공항 직원 혹은 항공사 직원에게만 도움을 청하도록 하며 낯선 사람을 따라가지 않도록 주의해야 한다.

비록 피곤에 많이 지치더라도 주의를 게을리하지 말고 개인 소지품을 잘 관리해야 한다. 공항에서 절대로 다른 사람에게 짐을 맡기지 말고 본인의 관리하에 있어야 한다. 만약 필요하다면 주저하지 말고 가까운 항공 카운터로 가서 도움을 요청하기 바란다. 그들에게 다른 비행기로 갈아타야 할 학생이라고 알려 주고 (이러한 만약의 상황에 대비하여, 필요한 영어회화 문장은 숙지하고 있길 바란다) 만약, 비행기를 놓쳤을 경우 당황하지 말고 호스트 가족이나 재단 본부 사무소에 바로 연락하여 도움을 받도록 한다.

(c) 도착(Arrival)

수하물 수취대(Baggage Claim)로 가서 짐을 찾은 후, 도착지에 자신의 이름을 들고 있는 호스트나 지역 담당자를 만날 수 있다. 최종 목적지 공항에 도착해서 호스트 가족과 지역 담당자의 환영을 받게 되면 그들에게 따뜻한 미소를 보여 주시기 바란다. 힘든 여정이었지만 일단 잊고 밝게 웃으면서 아주 반가운 포즈를 취해야 한다.

(d) 시차 및 환경 적응

한국과 미국의 시차 적응은 모든 유학 및 여행자들에겐 아주 공통적인 어려움이다. 변화된 환경에 신체가 적응하기 위해 처음 몇 주 동안에는 소화불량 등 어려움을 겪게 될 수도 있지만, 곧 생활에 적응되므로 처음 미국 생활 중에는 소화가 쉬운 음식을 먹는 것이 좋다. 미리 시차적응을 위해 출국 1주일 전 자신이 배정된 지역의 시간에 맞춰 생활해 보는 것도 좋은 방법이니 참고하길 바란다.

국내 오리엔테이션 참석하기

최근 프로그램을 마치고 귀국한 선배 교환학생들의 솔직 담백한 경험담과 교환학생 성공 팁을 듣고 현지 적응, 출국 준비, 교환학생 후 진로 등에 대해 설명한다.

미국 현지 오리엔테이션 참석하기

　미국 재단 중 일부 재단은 미국내 대도시에서 오리엔테이션을 진행하기도 한다. 다만, 배정 지역이 워낙 다양하므로 오리엔테이션을 위해 뉴욕으로 첫 입국이 학생들의 항공 일정에 무리가 있을 수 있어 원하는 경우로 제한하며, 추가 비용을 받고 참가할 수 있도록 한다. 각 재단별 진행 상황과 기간은 상이하므로 관심 있는 학생들의 경우 선택하면 좋다. 미국 내 오리엔테이션에 참가하지 않는 경우, 호스트 집으로 바로 도착하게 되며, 지역 관리자가 별도로 오리엔테이션을 진행하게 된다. 현지 오리엔테이션은, 프로그램에 대한 일반적인 정보와 함께 지역사회와 학교에서 유의할 점 등 실질적인 정보를 제공받게 될 것이다. 궁금한 부분에 대한 질문을 미리 준비하는 것도 좋다. 아주 사소한 질문도 실생활에 필요한 정보일 수 있으므로 답변을 받아 볼 수 있다.

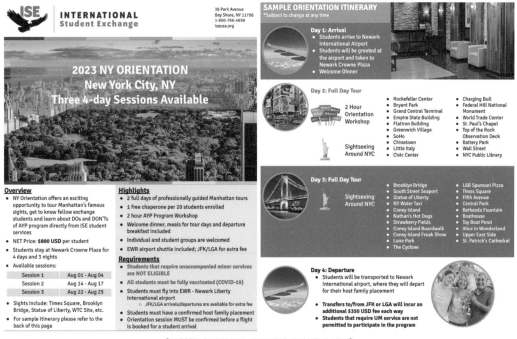

[교환학생 재단 ISE 오리엔테이션 일정 예시]

김예나 학생(2022년 8월 학기 ASSE 재단-J1 공립교환)

미국 교환학생 생활을 마무리하며

안녕하세요, 저는 이번에 교환학생이 되어 미국 노스캐롤라이나주에서 학교 생활을 마치고 한국으로 돌아온 김예나라고 합니다. 저는 이 글에서 미국으로 가는 과정, 호스트 가족분들, 그리고 학교 생활에 대한 제 경험과 조언 몇 가지를 다루려고 합니다.

우선 저는 다른 교환학생들이 그랬듯이 시험을 본 후, 미국으로 가게 되었습니다. 사실 교환학생이라는 목표는 제가 중학생이었던 시절부터 계속해서 간직하고 있었습니다. 하지만 코로나 팬데믹으로 인하여 다른 나라에 방문한다는 것이 거의 불가능해지자 그 꿈을 잠시 접었어야 했습니다. 그러다 고등학생이 되어서 아예 잊어버리고 살고 있었는데 고2가 될 무렵 팬데믹이 점차 가라앉고 있었고 엄마 지인을 통하여 예스유학을 소개받고 제가 잊어버리고 있던 교환학생이라는 꿈을 다시 펼칠 수 있게 되었습니다. 사실 제가 교환학생이 될 수 있던 것은 정말 기적이 아니었을까 생각이 듭니다. 그렇기에 저는 곧, 혹은 가까운 미래에 교환학생을 고민하고 있는 또 다른 학생들에게 저의 교환학생 생활을 들려주며 조금이라도 고민을 덜 수 있도록 도와주고 싶습니다.

아마 교환학생을 고민하고 있는 학생들이 가지고 있을 걱정 중에 하나가 다른 나라로 비행기를 타고 갈 때 공항에서 모든 것을 혼자 해내야 한다는 점일 텐데, 저의 경험과 함께 조언을 들려 드리 겠습니다. 우선, 비행기에서 내리기 전에 기내에서 화장실을 이용하라는 조언을 먼저 드리고 싶습 니다. 공항에 도착하는 비행기는 여러분이 탈 비행기만이 있는 것이 아니기에 입국 심사를 할 때 시간이 오래 걸립니다. 저는 입국 심사를 하기 전에 화장실을 이용할까 고민했지만 느낌이 좋지 않 아 바로 입국 심사하는 곳으로 향했습니다. 아니나 다를까 제 앞에는 많은 사람들이 있었고, 시간 이 지나자 제 뒤에는 그 배에 달하는 인원이 대기하고 있었습니다. 그렇기에 만약 여러분이 환승을 해야 한다면, 그리고 탑승 시간까지 시간이 충분하지 않다면, 차라리 기내에서 미리 화장실을 이용 한 후 내리는 것을 추천합니다. 늦어서 비행기를 놓치는 것보다는 빨리 게이트에 가는 것이 다음 일정에 좋으니까요.

다음으로, 항공에 대한 조언으로는 혼자서 끙끙거리지 말고 모르는 것이 있다면 물어보라는 것 입니다. 저 같은 경우는 비행기를 도중에 갈아탔어야 했기에 걱정이 많았습니다. 실제로 공항에서 길을 잃어 곤란한 적이 있었습니다. 아무래도 다른 나라의 공항이라 이용할 때 어려운 점이 많기 때문에 여러분이 길을 혼자서 잘 찾지 못할 수도 있습니다. 그렇기에 되도록 길을 잃어버렸거나 어 디로 가야 하는지 감이 잡히지 않는다면 두려워하지 말고 누군가에게 질문을 하며 길을 찾는 것이 좋습니다.

이번에는 호스트 가족분들에 대해 다루겠습니다. 감사하게도 저는 정말 좋은 호스트 가족분들을 만났습니다. 가족 구성원 모두가 저를 반겨 주었고 정말 가족처럼 지냈습니다. 비록 10개월이라는

짧은 시간이었지만 함께 놀기도 하고 여행도 하며 너무 즐거운 시간을 보냈습니다. 모든 호스트 가족이 다 이렇지는 않을 수 있습니다. 호스트 가족마다 생활방식이 다를 수 있으니까요.

　제가 여러분에게 드리고 싶은 조언은, 자신의 의견과 생각을 표현하라는 것입니다. '이건 좋다, 싫다' 이런 것들을 표현해야 호스트 가족들이 여러분을 이해하는 데 도움이 됩니다. 물론 이러한 부분은 오리엔테이션에서 다루어지는 내용일 수도 있지만, 그럼에도 언급을 하는 이유는 정말 중요하기 때문입니다. 호스트 가족은 여러분에 대해서 잘 모를 테니까 이런저런 대화를 많이 나누며 서로를 알아가는 것이 정말 필요한 과정입니다.

　그럼 이제부터는 학교 생활에 대해 소개하겠습니다. 저는 미국 노스캐롤라이나주에서 학교 생활을 했으며 다니던 학교에는 약 600명 정도의 학생이 있었는데요, 학교 카운슬러 선생님의 말씀에 따르면 제가 다녔던 학교는 미국에서 작은 학교라고 하더라고요. 저는 처음 이 말을 들었을 때 '학교에 600명 정도의 학생들이 있는데 이게 작은 학교라고?'라는 생각을 했었습니다. 큰 도시엔 몇 천명의 학생들이 다니는 학교들이 있다고 하더군요. 하지만 정말 많은 학생들이 교실을 이동할 때는 시끌벅적했기 때문에 작다는 생각이 전혀 들지 않았습니다.

미국 교환학생 성공 가이드

수업은 하루에 총 4교시를 했었습니다. 이곳은 시간표가 매일 동일했습니다. 또, 학년의 첫 학기가 가을에 시작하기에 한국과는 달랐습니다. 교환학생이 무조건 들어야 하는 과목은 미국 역사와 영어였기에 그건 바꿀 수가 없었고 나머지 과목은 제가 원하는 것을 골랐었는데요, 처음에는 미술과 보건학을 선택해서 수업을 들었습니다. 하지만 아무래도 수업을 영어로 들어야 했기에 힘든 점이 한둘이 아니었답니다. 학교에서 크롬북이라는 노트북을 학생마다 하나씩 나누어 주었는데, 저는 모르는 것이 있을 때마다 이것을 이용해서 인터넷 사전을 통해 뜻을 찾아가며 공부했습니다. 아무래도 교환학생이기 때문에 다른 학생들보다 더 많은 도움을 받기는 했지만 그래도 힘든 점은 있기 마련이었습니다. 다음 학기에도 그건 마찬가지였지만 보건학에서 나쁘지 않은 성적을 거두었답니다. 하지만 학교에서 아무래도 2학기의 보건학까지는 힘들 것 같다고 하셔서 보건학을 합창 수업으로 바꾸어 들었습니다. 합창 수업을 들으며 합창에서 노래를 어떻게 부르는지 배웠는데, 실제로 학기 막바지에는 무대에 서서 배운 노래들을 부를 수 있었답니다. 합창 수업을 하면서 사귄 친구들과는 한국에 온 지금도 연락하고 지내고 있습니다.

아마 학교마다 운영방식이 다를 것이기에 제가 드리는 조언이 다 맞지는 않을 수도 있습니다. 하지만 이것만은 말씀드리고 싶네요. 아무래도 다른 나라에서 학교를 다니는 것이기에 여러 가지로 힘들 수 있습니다. 그래도 열심히 버티다 보면 다시 한국으로 돌아올 날이 다가올 것입니다. 어떤 학교에 가든 최선을 다하면 좋은 결과가 있을 거예요, 그렇다고 힘든 것을 무조건 꾹 참고 있으라는 것은 아닙니다. 힘든 일이 있으면 힘들다고 말할 수 있는 사람에게 털어놓는 것이 좋습니다. 울고 싶으면 울고, 너무 참기만 하면 마음에 병이 들 수도 있으니까 최선을 다해 버티지만, 너무 참지는 말라는 말을 드리고 싶습니다. 다양하고 새로운 상황에서 여러 경험을 하며 문제를 해결해 나가는 방법을 배워 나가면 어느덧 멋지게 성장해 있는 자신을 발견할 수 있을 거예요.

이번에 교환학생이 되어 출국하시는 후배 여러분! 괜히 미리 걱정하며 너무 스트레스 받지 마시고요 학교 생활을 즐기고 온다는 생각으로 다녀오세요! 그러면 '교환학생 인생'이라는 멋지고 값진 경험을 얻게 될 것입니다. 여러분들의 멋진 유학 생활을 응원하며 마무리하겠습니다. 긴 글 읽어주셔서 감사합니다.

CHAPTER 4

미국에서
살아남기!

K.

미국 현지 생활 적응 요령

　한국의 정서상, 청소년은 어린아이로 치부되는 경향이 많다. 하지만 미국에서 청소년은 어른으로서 자신의 행동에 책임지는 것을 요구한다. 교환학생 프로그램은 미국으로 여행 가는 정도가 아닌, 각 나라를 대표한다는 자세로 책임감 있는 모습을 요구한다. 미국에서 교환학생 활동을 원하는 학생들은 이런 부분에 대한 충분한 교육과 사전 준비가 반드시 필요하다.

　아래는 미국 교환학생 재단이 프로그램 참가 학생들이 현지 생활에서 지켜야 할 규칙 및 문제 발생 시 대응하는 지침서를 만들었다 아래 내용을 참고하여 성공적인 교환학생 생활을 마칠 수 있기를 바란다.

Yes Tip

* 교환학생 프로그램을 성공적으로 마치기 위해 중요한 자세 *
1. 학교에서 제공되는 모든 활동 및 지역 활동에 적극적인 자세로 참여하기
2. 새로운 것에 대한 두려움보다 배운다는 자세로 긍정적인 마인드 갖기
3. 교환학생 프로그램에 참여할 수 있도록 기회를 주신 호스트 가족들, 학교 친구들과 선생님, 그리고 지역 분들에 대한 존경심 갖기
4. 친절하고 적극적인 자세로 친구 만들기
5. 호스트 가족들과 적극적인 관계 유지 및 가족 구성원이 되기 위해 노력하기

문화 차이 극복하기

(a) 한국을 대표하는 청소년 문화 외교사절단임을 항상 생각한다.

(b) 새로운 문화를 받아들이려는 노력과 적극적인 자세가 필요하며, 한국 문화에 대해서도 소개하여 함께 나눈다.

(c) 호스트 가정의 새로운 아들과 딸로서, 가족의 일원으로 선택된 것임을 잊지 말아야 한다.

　　　　　　　　　　　　　　　　　　　　　　　　미국 교환학생 성공 가이드

(d) 미국 문화와 가정 생활에 적응하는 것은 각자 행동하기에 달려 있다.

(e) 대화를 할 때는 열린 마음과 정직한 자세로 임한다.

(f) 나라별 문화적 차이점을 이해하고 호스트 가정의 생활 방식을 받아들인다.

(g) 문제가 생길 경우 섣부른 판단은 피하고, 반드시 대화를 통해서 풀어 나간다.

(h) 문화적 차이는 옳고 그름의 문제가 아닌 서로 간의 양보와 이해가 필요하다.

(i) 문화적인 차이로 인해 발생하는 사소한 문제들은 호스트 가정 내에서 해결하는 자세가 매우 중요하다. 노력도 하지 않고 바로 지역 관리자나 한국의 부모님, 친구들에게 연락을 취하는 것은 결코 좋은 방법이 아니다.

(j) 손님이 아니라 호스트 가정의 일원으로 미국 생활을 즐길 수 있는 마음가짐을 가져야 한다.

적극적인 영어 사용

(a) 적극적으로 영어를 사용한다. 힘들다고 한국어를 사용하는 것은 부적응으로 판단된다.

(b) 영어표현이 완벽하지 않다고 하여 통역기를 통해 대화해서는 안 된다.

(c) T.V, 영화, 음악 등은 영어 실력 향상을 위한 좋은 도구들이다. 그러나 지나친 T.V 시청으로 인해 호스트 가족과 대화가 줄어들거나 그들에게 불편을 주지 않도록 시간을 조절한다.

(d) 사전을 가져와서 새로운 단어들을 사용하는 것을 시도해 보는 것도 좋다. 이런 노력하는 모습은 호스트 가족에게 좋은 인상을 주게 될 것이며 영어 실력 향상을 위해 적극적으로 도와줄 것이다.

(e) 이해하지 못한 내용이 있으면 망설이지 말고 다시 한번 물어보자. 듣기, 말하기는 항상 함께 노력해야 실력 향상이 이루어지므로 귀 기울여 듣고 자신 있게 말하는 연습을 한다.

(f) 영어에 자신이 없더라도 큰 소리로 당당하게 자신의 생각을 표현하는 연습을 해야 한다. 이러한 과정을 통해 언어 능력은 빠르게 성장한다.

용돈 사용 기준과 관리 방법

(a) 교환학생 기간 동안 월 300~500달러 정도의 용돈을 사용하도록 예산을 잡는다.

(b) 호스트 가족과의 돈 거래는 금한다. 돈을 빌려서도 빌려줘서도 안 된다.

(c) 개인적인 체크카드 또는 신용카드의 번호를 누구에게도 알려 주지 말아야 한다.

(d) 개인 용돈에서 지불해야 하는 책임이 있는 항목: 학교 생활 관련 비용(점심 식사 비용 포함)/

의류 비용/위생 용품/개인 용돈/핸드폰 비용(장시간 사용은 금지하며, 핸드폰 구입비 및 통화료에 대해서는 본인 부담)

(e) 많은 돈을 집에 보관하거나 타인의 계좌에 보관하지 않도록 한다. 출국 전 해외에서 사용이 가능한 글로벌 직불카드를 준비해 가는 방법을 추천한다.

(f) 호스트 환경과 상황마다 다르지만, 가족과 외출하여 식사 시에 너무 구두쇠처럼 행동하지 않도록 한다. 미국의 더치페이 문화에서 호스트에게 돈 없다는 말은 상대에게 매우 부담스러울 수 있다.

병원진료 및 보험 관련하여 정확하게 정보 파악하기

(a) 프로그램 기간 동안 발생되는 질병과 사고는 가입된 보험에 의해 보상을 받을 수 있으니 아픔을 숨기거나 감추지 않도록 한다.

(b) 보험 관련 서류들은 출국 전에 한국의 담당자 혹은 미국 도착 후 호스트 가족이나 지역 관리자를 통해 받게 된다.

(c) 유학생 보험은 재단에서 정확히 통보한 미국 도착일로부터 개시가 된다.

(d) 병원을 가는 경우에 검진 후 의사 혹은 병원이 즉각적인 지불을 요청할 경우에 대비하여 비상금을 준비해야 한다.

(e) 보험회사 약관을 완전히 읽고 이해하는 것은 학생의 책임이다.

(f) 보상은 교환학생 프로그램 기간 동안 미국에서 발생하는 의료적인 질병과 사고에 대해 특정적으로 적용된다.

(g) 미국에 있는 동안 보험 적용되지 않는 치료비 및 학생이 가지고 있던 지병에 대해서는 한국 부모님 및 학생이 병원비 납부 책임이 있다. 또한, 병원 치료의 경우, 각 보험조건과 항목에 따라 '본인부담금'이 있으며, 이 비용은 보험으로 적용되지 않는 비용(약 $50)으로 치료 후 학생이 직접 병원에 납부해야 한다.

(h) 보험은 학교 졸업일이나 종강일 5~7일 정도 후에 재단 별 규정에 따라 자동적으로 종료된다. 그 이후로 미국에 체류할 경우, 한국 입국일까지 연장 보험료를 추가로 납부해야 한다. 만약, 재단에 보험기간 연장을 요청하지 않는 경우, 규정대로 보험은 자동 종료되며, 무보험 상태로 현지에서 생활하게 되니 유의해야 한다.

(i) 대부분의 미국 병원은 '치료 후' 병원비를 청구한다. 치료비가 보상 가능한 것이라면, 보험회

사에서 변제 받을 수 있으며, 병원비를 호스트 가족에게 대신 지불 요청하지 않도록 한다.

(j) 보험 관련하여 문의사항이 있을 경우, 호스트나 지역 관리자와 상의하여 보험적용 여부를 확인하며, 지역 담당자와 연락이 닿지 않을 경우, 재단 본부에 연락할 수 있다.

미국 친구 사귀는 요령

새로운 국가, 환경에서 친구를 만드는 것은 시간이 필요하고 언어 때문에 어렵게 느껴질 수도 있다. 두려움보다 담대한 마음으로 주변 사람들에게 자신을 소개하는 노력을 기울여 보자. 학교 클럽 활동에 적극 참여하는 것은 물론, 지역 종교단체 혹은 각종 행사에 참여하면 좋다. 또한 교환학생 끼리만 어울리지 말고, 미국 현지 학생들을 친구로 만드는 노력을 하여야 한다.

(a) 친구를 사귀기 가장 쉬운 방법은, 공통 관심사나 취미 등을 먼저 얘기하면서 다가가는 것이다.

(b) 궁금한 사항을 질문하는 것에 대해서 머뭇거리지 말고 적극적으로 질문하길 권장한다.

(c) 스포츠 활동, 동아리, 지역 모임, 교회 청소년 모임 등 새로운 것들에 도전해 보도록 노력한다.

(d) 다른 교환학생들과 함께 생활하고 적응하기 위한 다양한 활동에 참여한다.

(e) 친구를 만나기 위해 외출할 경우엔 미리 호스트 가족에게 목적지와 귀가 시간 등을 얘기하고 허락을 받아야 한다. 미국 호스트 가족은 학생들의 안전을 책임져야 하므로 학생의 약속이 안전한 미팅인지 확인하고 허락할 의무가 있기 때문이다.

(f) 미국은 대중교통이 자유롭지 않아 학생들이 이동할 경우 이동수단에 대해 먼저 확인하고 약속을 잡아야 한다. 가고 싶은 곳을 호스트 가족이 무조건 데려다줄 것으로 기대하지 말고 먼저 가능한지 확인하고 약속을 잡도록 한다.

(g) 친구가 생겨 호스트 집으로 초대하고 싶다면 먼저 호스트 가족에게 물어보고 양해를 구해야 한다. 미국은 약속되지 않은 방문에 대해 매우 무례하다고 생각하기 때문에 반드시 사전 허락을 받고 초대해야 한다.

(h) 문화 교류 프로그램의 성격에 따라 친구를 사귀면 자신의 나라에 대한 문화를 소개하고 친구의 나라에 대한 관심을 보이면서 자연스럽게 문화 교류를 하게 된다.

미국 공휴일과 지켜야 할 항목

(a) 교환학생 프로그램 진행 중, 친척집이나 친구를 방문하러 가는 것은 허락되지 않으며, 호스트

가족과 함께 휴일을 보내야 한다. 또한 한국 부모님의 방문 또한 프로그램이 끝날 즈음에 가능함을 잊지 않도록 한다.

(b) 미국의 공휴일 기간에 호스트 가족이나 친구들과 전통적인 문화를 교환하는 특별한 행사를 계획한다면 무료한 시간을 보내지 않을 수 있다. 간혹 이러한 시간에 아무런 계획이 없는 경우 향수병이 쉽게 생기며, 오히려 호스트 가족과 불화가 생기는 경우가 종종 있으니 스스로 정해진 시간과 장소를 이용한 뜻 깊은 시간을 갖는 것도 좋은 방법 중 하나다.

(c) 프로그램 기간 동안 한국으로 귀국하는 것뿐만 아니라 단독 여행은 금지된다. 미국에서 지내는 동안 법적인 보호자는 미국 재단이며, 호스트 가족과 함께 여행을 계획하고 있다면 정확한 기간, 장소 등에 대한 구체적인 사항을 지역 담당자에게 전달하고 가능 여부를 확인받아야 한다.

(d) 어떤 상황에서도 호스트 가정의 도움 외에 다른 특별한 사항이 생긴다면 반드시 지역 담당자에게 꼭 전화나 문자를 하도록 한다

(e) 미국 국경일

날짜	명칭
1월 1일	New Year's Day
1월 셋째 월요일	Martin Luther King's Day
2월 셋째 월요일	President's Day
3월 하순~4월 상순	Easter Sunday
5월 마지막 월요일	Memorial Day
7월 4일	Independence Day
9월 첫째 월요일	Labor Day
10월 둘째 월요일	Columbus Day
11월 11일	Veterans Day
11월 넷째 목요일	Thanksgiving Day
12월 25일	Christmas Day

미국 교환학생 성공 가이드

유학생이 반드시 지켜야 하는 규칙과 규정 숙지하기

프로그램에 참가하는 학생들은 프로그램이 끝날 때까지 미국 재단의 규칙을 숙지하고 반드시 지켜야 한다. 출국 전/후 오리엔테이션때도 매우 중요하여 강조하는 규칙이며, 그만큼 중요한 사항이기 때문에 잘 기억해 두어야 한다.

교환학생 신분으로써 다음의 금기사항을 어기게 되면 프로그램에서 바로 종료됨은 물론이며, 심각한 법률적 상황도 초래될 수 있다. 미국 학생들과 생활하면서 혹시라도 아래 상황에 연루된다면 현지 학생들보다 국제학생들에게 적용되는 법률은 더 심각하게 적용될 수 있다는 것을 명심하자.

(a) 담배 & 술 & 마약 금지

미국의 모든 지역, 주 그리고 연방에서 적용되는 법으로 특히, 미성년자가 술을 구입하지 못하게 법으로 지정되어 있으며, 만약 구입했다가 경찰, 호스트 가족 또는 다른 사람들에게 적발되면 법을 위반한 것이 되므로 바로 본국으로 추방당하게 된다. 마약은 물론이고 약물 남용과 담배도 불법임을 숙지하기 바란다.

(b) 부적절한 행동과 언행

부적절한 언행이나 상대에게 위협적인 행동을 포함하여 SNS에서 부적절한 포스팅도 모두 금지된다. 호스트 가족 혹은 학교 친구들을 포함하여 어느 누구에게도 부적절한 신체적 접촉(부적절한 행동: 성적인 행동 & 언행)은 심각하게 적용될 수 있다.

(c) 성적 낙제

학교 규칙을 잘 따르는 것은 굉장히 중요한 사항이므로 선생님과 학교 관계자들에게 예의 바르게 행동해야 한다. 교환학생의 기본 자격 요건인 학교 성적은 모든 과목에서 "C" 이상 유지하여야 한다. 학교 성적에서 낙제(F학점)가 있을 경우 제적당할 수 있음은 물론 재단 프로그램이 종료되어 한국으로 돌아와야 한다.

(d) 프로그램 참가 중 여행 일정

모든 학생들은 단독 여행이 허락되지 않는다. 그러나, 호스트 가족, 지역 관리자, 학교, 확인된 청소년 단체 혹은 재단 본부 지정 여행사와 여행만 허용되며, 만약, 방학 기간을 이용하여 미국 내 친인척 방문을 할 경우라면, 한국 유학원에 우선 상의 후 미국 재단 본부의 허락을 받아야만 가능하다.

(e) 미국 법을 위반한 경우

어떠한 경우라도 미국 법을 위반하거나 체포되면 재단 프로그램에서는 물론이고 미국에서도 추방당하게 된다.

① 어떠한 성적 접촉을 해서는 안 되며, 그러한 접촉은 여러분에게 책임을 요구하며 귀국 조치의 사유가 될 수 있다.

② 문신, 염색, 피어싱, 개종, 임신, 결혼 등의 행동은 금지되며 귀국 조치의 사유가 될 수 있다.

③ 미성년자의 술/담배 구입뿐만 아니라 사용은 미국 법으로 금지되어 있다.

④ 미국 법에 의거해 운전할 수 있는 법적 나이가 되더라도 운전을 하거나 운전 면허증을 취득하기 위한 운전연습을 삼가야 하며 운전을 하다가 사고가 생길 경우 보험처리가 되지 않는다.

문제 발생 시, 대처 방법 및 해결 절차

(a) 어떠한 문제가 발생하면 가장 먼저 호스트 가족이나 지역 담당자에게 이야기해야 한다. 만약 학교에서 일이 생길 경우, 학교 선생님 및 카운슬러에게 이야기하면 된다.

(b) 관계된 사람들로 인해 지역 관리자나 호스트에게 얘기하기가 도저히 어려울 경우, 지역 관리자의 디렉터 또는 재단 본부 사무소로 연락해야 한다.

(c) 문제 해결을 위해 노력을 해 보기도 전에 한국 부모님께 얘기하는 것은 삼가야 할 행동이다. 부모님은 같은 공간에 함께 있지 않고, 겪고 있는 문제에 대해 자세히 이해하지 못하기 때문에 잘못된 판단을 할 수 있기 때문이다.

(d) 재단 담당자는 경험이 많기 때문에 먼저, 문제를 확인할 것이며, 여러가지 방법을 통해 대화를 나누고 간략한 기록을 작성하여 문제해결을 위한 조치를 취하게 된다.

(e) 위 과정과 별도로 한국의 유학 담당자와는 지속적인 상담을 통해 올바르고 효율적인 방법에 대해 상의하기 바란다.

(f) 문제가 지속되면, 문제 해결 양식을 작성해야 한다.

① 이것은 문제를 확인하고 학생과 호스트 가족을 위해 진행할 계획을 설정하게 해 줄 것이다.

② 이 양식은 학생, 호스트 가족, 지역 담당자 모두를 위해 작성되고, 이후 재단 본부로 전달되며 재단 본부는 문제의 해결 방안을 결정한 후 한국 사무소에 전달한다.

③ 학생, 지역 담당자, 호스트 가족은 의도한 대로 문제 해결이 이루어질 수 있도록 많은 대화를 나누어야 함을 기억하고 노력하여야 한다.

(g) 문제가 여전히 지속된다면, 협약서(경고장)를 작성하게 된다.

① 협약서는 행동을 개선하기 위한 강력한 안내 지침으로 설정되며, 모든 관련된 사람은 동의를 표하기 위해 협약서에 서명을 하게 된다. 협약서의 내용은 그대로 지켜져야 하며, 며칠 간의 주어진 조정 기간 동안 협약서 내용이 지켜지지 않을 경우, 혹은 학생이 서명을 거부할 경우, 프로그램은 자동 종료된다.

② 협약서는 재단 본부의 승인을 받아야 하며 지역 담당자와 지역 관리자/디렉터 혹은 재단 본부에서만 이 협약서를 작성할 수 있다.

③ 협약서의 규정을 따르지 않을 경우, 심각한 결과를 초래할 수 있으며 호스트 재배정이 이루어지거나 책임 여부에 따라 프로그램이 종료되어 조기 귀국할 수 있다.

교환학생 프로그램의 규칙을 지키는 것은 참가 학생의 의무이며 책임이다.
학생의 프로그램을 종료하는 결정은 신중한 일이며 규정을 잘 지키지 않으면 재단 본부에서는 학생이 프로그램 기간 동안 현지 적응을 못한다고 판단하고 프로그램 강제 종료 결정을 내릴 수 있다.

김진영 학생(2021년 8월 학기 ISE 재단-J1 공립교환)

마음을 열면 펼쳐지는 새로운 세상

안녕하세요. 사우스 캐롤라이나에서 공립교환학생 프로그램을 정말 알차게 경험하고 돌아온 김진영이라고 합니다. 처음 미국에 도착했을 때 영어로 말하는 것이 익숙하지 않았기 때문에 영어를 하는 것이 조금 부끄러웠습니다. 하지만 미국에 도착하여 2~3주가 지났을 때부터 말이 트이기 시작했고, 두 달이 조금 지난 시점부터는 스스로도 큰 변화를 느꼈습니다. 세 달 정도 지났을 때는 처음보다 영어 실력이 훨씬 더 향상되었습니다. 아마 여러분도 저와 같은 과정을 경험하실 거라 확신합니다.

교환학생 생활을 하며 미국 또래 아이들이 어떤 식으로 말을 하는지, 부모님들은 어떤 이야기들을 주로 하시는지, 또 나 자신은 어떻게 표현하고 어필해야 하는지를 알아 가는 것이 진짜 영어를 배우는 것이고 곧 실력이라는 생각이 들었습니다. 또한, 나의 생각을 조리 있게 설명하고 논리 정

연하게 풀어내는 것뿐만 아니라, 친구들의 유머나 농담을 듣고 그에 따른 농담을 받아쳐서 말하는 것도 친구들을 사귀고 영어 실력을 늘리는 중요한 방법이라고 생각합니다.

제가 미국에서 지내며 배운 문화와 느낀 점은 첫째로, 미국 생활에서 가장 중요한 것은 시간 약속입니다. 시간 약속을 어기면 자신을 존중(Respect)하지 않는다고 생각하는 사람들도 있으니 항상 시간에 유의해야 합니다. 한국에서 지각하는 것과는 차원이 다릅니다. 둘째는 식사 매너입니다. 식사 매너 및 예절은 아주 중요하고 특히 저녁 식사는 아주 중요하답니다. 점심은 학교에 가서 먹을 수도 있고 주말에 혼자서도 먹을 수 있지만, 저녁 식사는 매일 식구들과 한 식탁에 모여서 하루는 어땠는지 서로 물어보고 같이 이야기를 하는 시간이기에 매우 중요합니다. 미국에서 가장 중요하게 생각하는 매너 몇 가지를 얘기하자면,

1. 저녁 식사 때 휴대폰은 절대 보시면 안 됩니다.
2. 팔꿈치를 식탁에 올리고 먹으면 안 됩니다.
3. 식사를 다 하면 수저를 접시에 올려놓고 나머지 식구가 다 먹을 때까지 기다려야 합니다.
4. 미국은 휴지를 전부 변기에 버립니다.
5. 말을 할 때는 무조건 상대방의 눈을 보고 말하고 들어야 합니다. 그것이 상대방의 이야기를 듣고 있다는 의미이며 예의에 어긋나지 않는다는 것을 꼭 기억하세요.

　제가 생활했던 사우스캐롤라이나는 동부보다 훨씬 따뜻하고 서부와는 다르게 나무가 많고 살기가 좋은 곳이어서 저는 매우 운이 좋았다고 생각합니다. 또 우리 학교는 특수하게 주에서 가장 큰 고등학교라서 전교생이 4,500명이 넘었습니다. 그러다 보니 같은 수업을 듣는 친구들을 사귀고 점심을 같이 먹으면서 쉽게 친구를 만들 수 있었답니다.

　제가 새롭게 느낀 점 중에 하나는 영어식 인사들이 한국식보다 더 다양한 표현을 가지고 있다는 점이었습니다. 한국에서는 보통 친구들과 '안녕' 혹은 '잘가'를 가장 많이 사용하지만 영어에서는 'Hello, Good morning/afternoon, Have a good one, Good night'(또는 'night, night'이나 더 줄여서 'night'이라고도 함), Ciao 등 그 표현의 폭이 굉장히 넓었습니다. 친구들과 인사표현으로는 'What's up'(줄여서 sup), 'What's good, Hi, Hey' 등을 많이 사용하고, 이러한 친분을 중요시하는 표현들을 보면 친구들과 빠르게 친해질 수밖에 없다고 생각했습니다. 또한 구두적인 표현뿐만 아니라 친구들마다 서로만의 handshake를 만들거나 가장 보편적으로 'dap up(손바닥을 서로 치는 인사)'으로 인사하는 경우도 많았습니다.

마지막으로, 미국에서 가장 좋았던 점 중에 하나는 친구들과 노래를 들으며 드라이빙을 하는 것이었습니다. 한국에서는 있을 수 없는 상황이라 너무 신기하고 즐거웠죠. 미국은 운전 면허를 만 16세부터 취득할 수 있기 때문에 11, 12학년 학생들 대부분이 자신들의 차를 소지하고 있답니다. 한국에서 학원 다니면서 공부만 하다가 그런 여유를 즐길 수 있다는 게 너무 행복했습니다. 친구를 잘 사귀는 게 정말 중요하고, 좋은 친구를 만들면 그만큼 즐겁고 미국에서 생활을 알차게 보낼 수 있겠다는 생각이 들었습니다.

한편, 미국은 땅이 워낙 넓어서 와이파이 속도가 문제가 아니라 신호가 안 터지는 곳이 있다는 사실, 그런 곳에서는 데이터도 쓰지 못하기 때문에 답답하지요. 하지만, 그런 것도 한국과의 차이점이다 보니 흥미로웠답니다. 여러분도 미국에서의 다양한 경험을 흥미롭게 받아들이셨으면 좋겠습니다. 감사합니다.

L.
홈스테이 생활 적응 요령

호스트 가족의 구성원으로서 적합한 행동하기

(a) 미국 가정의 생활 규칙에 잘 적응하며 그에 맞는 행동을 해야 한다.

(b) 한국 부모님께 전화를 하기 전에 호스트 가족에게 먼저 이야기하는 습관을 갖도록 한다. 작은 일이 후에 큰 문제로 커질 수 있으니 호스트 가족과 항상 이야기를 나누고 함께 풀어 나가도록 노력해야 한다. 호스트 가족은 언제나 학생들을 돕기 위한 준비가 되어 있다.

(c) 미국의 가정 문화는 10대 자녀들에게 방 청소, 설거지, 잔디 깎기 등의 가사 분담을 시킨다. 이는 교환학생에게도 똑같이 적용된다.

(d) 호스트가 시키지 않는 가사 일들도 자발적으로 도와주려는 적극적인 자세가 필요하다.

(e) 아래의 사항들을 포함한 가정의 규칙은 반드시 지켜야 한다.

① 귀가 시간을 지키는 것은 매우 중요하다.

학교 친구들과 함께 외출을 하거나 식사를 하는 등의 약속이 생겨 호스트 가족과 함께 식사하지 못할 경우, 호스트 가족에게 미리 언급해 주는 것이 예의이다. 귀가가 늦어질 경우, 한두 시간 전에 변경된 예상 시각을 호스트 가족에게 알려 걱정하는 일이 생기지 않도록 한다.

② 전화 사용에 대한 기준을 정하여 사용한다.

통화 및 SNS 사용 시간에 대한 기준을 정하여 그에 맞춰 사용하는 것이 좋다.

- 핸드폰 사용 시간에 대한 기준을 정하여 사전에 호스트 부모에게 양해를 미리 구한다.

많은 학생들이 장시간 핸드폰 사용으로 호스트 가족과 문제가 발생된다.

장시간의 핸드폰 사용으로 호스트 가족과 대화 단절이 야기되면 프로그램 취지에 맞지 않아 경고가 나간다. 되도록이면 핸드폰 사용은 자제하고, 한국과 전화 시간은 오후 9시 전까지 제한을 두는 것이 좋다. 특히 한국어로 장시간 전화를 반복하는 것은 호스트 가족이 통화 내용을 전혀 알지 못하기 때문에 불쾌하게 생각할 수도 있다. 긴 통화가 끝나면 통화 내용에 대해 어느 정도 호스트 가족에게 이야기를 해 주는 것이 신뢰관계를 유지할 수 있는 방법이다.

- 핸드폰은 기본적인 사용만 허락됨을 기억해야 한다.

핸드폰을 장시간 사용으로 주의를 받았음에도 개선되지 않는다면 호스트 또는 재단(지역 관리자)에서 일정 기간 동안 핸드폰을 압수할 수 있다.

방에서 혼자 핸드폰만 만지지 말고, 교환학생 프로그램 참여의 의미를 생각하면서 호스트 가족과 더 많은 시간을 함께 할 수 있도록 노력해야 한다.

③ 인터넷 사용(이메일, 메신저, 채팅방 등)

- 어떠한 상황에서도 포르노나 허가되지 않은 정보의 접속은 불가하며 호스트 가족의 컴퓨터에 한글 버전을 설치하고 싶을 때에는 사전에 미리 양해를 구하여 승낙을 받아야만 한다. 그러나 대부분의 호스트 가족은 영어 습득 및 현지 적응을 위하여 허락하지 않는다.

- Facebook, Instagram, Twitter, YouTube 등 소셜 네트워크를 통한 인터넷상의 교류가 활발하게 이루어지고 있다. 본인의 개인 일기장이 아닌 다른 사람과 함께 보는 사이트이기 때문에 다른 사람의 험담 및 개인 신상에 대한 내용은 한글로도 작성을 삼가야 한다. 본인의 의도와 다르게 불미스러운 일이 발생될 경우, 프로그램이 종료되어 한국으로 돌아올 수도 있다.

- 개인 노트북을 준비할 경우, 가능하면 숙제나 공부 이외에 사용하는 것을 주의해야한다. 부모님과 연락이나, 한국어 채팅, 인터넷 검색 등은 주말 시간을 이용하는 것이 좋다. 늦은 시간까지 사용하거나 허가되지 않은 사이트에 접속하게 되면 호스트 혹은 재단(지역 관리자)이 일정 기간 사용을 금지시킬 수도 있다.

④ 집안일을 함께 분담하도록 한다.

집안일은 가족의 일원으로서 꼭 해야 하는 일이다. 기본적으로 개인 방은 깨끗하게 청소하고, 설거지나 빨래, 청소 등을 하게 될 수 있으며, 다른 가족들과 분담해서 하는 경우도 있다.

⑤ 평상시 개인 방 문을 열어 놔야 한다.

방문을 닫는 것은 "들어오지 마라."는 신호로 인지한다.

미국에서는 숙제를 한다고 해도 방에 있을 때는 문을 열어 두는 것이 매너이며 방문을 닫아 두는 것은 옷을 갈아입을 때나 수면할 때 정도이며 닫혀 있는 방문은 "방에 들어오지 마세요." 또는 "잠시 혼자 있고 싶다."는 의미로 받아들여진다. 일반적으로 화장실이나 욕실 문도 사용이 끝나면 열어 둔다. 그리고 학교에서 영어나 친구 때문에 힘들어 호스트 가족과 말하고 싶지 않을 때가 있어도 자신의 방에 틀어박혀 몇 날 며칠 아무 말도 하지 않으면 호스트 가족들로부터 오해를 살 수 있다. 따라서 그런 경우는 "조금 힘들어서 방에서 쉴게요."라고 말하는 것이 좋은 방법이다. 그리고 홈스테이 생활을 즐기기 위해서는 대화가 가장 중요하므로 가능한 한 많은 시간을 가족과 대화하는 것이 좋다. 따라서, 교환학생을 준비하고 있다면 출국 전부터 가족들이나 친구들과 많은 대화를 하는 걸 권하고 싶다. 특히, 내성적인 학생들은 사전에 많은 대화를 통해 커뮤니케이션을 익혀 두는 게 새로운 홈스테이 가족들과 대화가 편해진다.

⑥ 윗사람 혹은 아랫사람과 대화를 할 때는 항상 눈을 마주쳐야 한다.

한국에서는 윗사람과 이야기할 때 눈을 마주치면 '버릇없다'라고 여기는 사람들도 있으나, 미국에서는 '당신과 이야기하기 싫다.', 혹은 '당신에게 숨기는 것이 있다.'라는 뜻으로 비춰지게 된다. 문화적 차이로 인해 오해가 생기지 않도록 유의하며, 호스트 가족 혹은 학교에서 상대방과 이야기할 때는 꼭 눈을 마주보면서 대화하도록 한다. 또한, 길을 가다가 모르는 사람과 눈이 마주 칠 경우에도 서로 가벼운 목 인사 혹은 웃는 센스를 보여주는 것이 좋다.

⑦ 개인 약속 일정 잡기

미국은 대중교통이 발달되어 있지 않아 개인 이동수단 이용률이 높다. 만약 라이드가 필요할 경우, 몇 주 혹은 며칠 전에 미리 호스트와 일정을 이야기하여 스케줄을 조정해 두도록 한다. 갑작스러운 라이드 요청은 서로 당황하거나 불쾌한 일이 될 수 있기 때문이다.

⑧ 교회 참석

기본적으로 개신교를 믿는 국가이지만, 종교적인 자유가 있기 때문에 종교가 있는 가정으로 배정이 되거나 혹은 종교가 없는 가정으로 배정이 될 수 있다. 자신의 종교만을 고수하지 말고, 종교도 미국 문화의 하나로 인식하고 함께 활동하는 것이 좋다.

⑨ 친구 초대하기

한국과 마찬가지로 다른 사람 집에 방문할 때는 미리 양해를 구하는 것이 예의이다. 친구를 초대하거나 혹은 친구 집에 방문할 때는 미리 어른들의 허락을 받고, 간단한 선물을 준비하는 것이 좋다.

⑩ 목욕탕 사용 시 시간 조율을 잘하도록 한다.

외국에서는 샤워가 일반적이며 샤워를 할 때는 사전에 물어보고 사용하며 사용이 끝났을 때도 언급하는 것이 매너이다. 외국에서는 느긋하게 뜨거운 물을 틀어 가며 장시간 샤워하지 않는다. 미국은 한국 같은 아파트 문화가 아니고 가정에 따라서는 일정량의 온수가 제공되는 경우도 있어 앞사람이 뜨거운 물을 많이 사용하게 될 경우, 다른 사람들은 미지근한 물로 샤워할 수 있는 상황도 발생할 수 있다. 특히 아침과 같이 짧은 시간 여러 사람이 이용하는 경우에 더욱 그러하다.

호스트 가정의 사생활 존중하기

(a) Host family의 생활 관습을 존중해 주어야 한다

외국에서는 저녁에 일찍 자는 것이 보통이다. 심야에는 소리를 내며 다니거나 큰 소리로 음악을 듣거나 혹은 T.V.를 늦게까지 보는 것은 다른 가족의 수면을 방해하는 행위이다. 주택 환경에 따라서 모든 소리들이 저녁 시간에 크게 들린다는 것을 주의하며 미국 가족의 생활 습관에 함께 적응하도록 노력한다.

(b) 학생의 사생활도 중요하지만 가능한 호스트 가족의 생활 리듬에 맞추어 생활한다

한국에서의 기존 생활 습관을 고수하는 것은 미국 문화에 대한 이해력 부족과 버릇없는 학생으로 비추어질 수 있다. 미국인의 생활습관을 따르는 것이 차별이 아닌 문화 차이로 인지하고 받아들이면 현명한 교환학생 생활이 될 것이다.

(c) 음식값은 본인이 지불하는 것이 상호 간의 예의를 지키는 방법이다

호스트 가족과 함께 여행, 쇼핑 혹은 외식을 할 경우, 자신이 먹은 음식값은 본인이 지불하는 것이 일반적인 에티켓이다. 만약 호스트 가족이 비용을 지불한다고 하면 감사의 마음을 말로 충분히 표현해 주면 함께하는 시간을 매우 기분 좋게 보내게 될 것이다.

(d) 자신의 의견을 확실히 이야기한다

미국 문화에서는 자신의 의견을 확실히 표현해야만 상대방이 그 사람의 의사를 알 수 있다. 따라서 자신이 생각하는 것을 표현하는 것이 매우 중요하다. 영어가 부족하다면 Body Language를 이용해서라도 적극적으로 표현하는 습관을 갖는 것이 중요하다.

(e) 자원봉사 가정인 호스트 가족들의 책임은 숙식 제공이다

숙식 제공을 제외한 다른 부분에 대한 근본적인 책임이 없음을 인식하고 요구사항이 있을 시 대화를 통해 해결해야 한다. 특히, 방과 후 활동(클럽 활동)의 경우, 호스트 가족이 학생의 스케줄에 맞춰 라이드를 해 주지 못할 수도 있으므로 호스트 가족과 서로 대화를 통해 스케줄을 맞춰 클럽 활동을 조정해야 한다. 라이드는 호스트 가족의 의무가 아니기 때문에 만약 호스트가 라이드를 해 준다면 항상 감사한 마음을 가지고, 말로 꼭 표현하길 바라며 아주 가끔은 보답의 표시로 기름값을 본인이 지불하는 것도 나쁘지 않다.

교환학생으로서 생활 매너 준수하기

(a) 호스트 집에서의 매너

호스트 가족은 무상으로 학생을 받아들여 식사와 방을 제공하는 자원봉사 가정이다.

'함께 생활하며 다른 문화를 배우고 싶다'라는 그들의 마음을 항상 잊지 말아야 하며, 호스트 가정으로부터 많은 서비스를 제공받으리라 생각해서는 안 된다. 손님이 아닌 가족의 일원으로 그들의 생활을 체험한다는 것을 항상 기억해야 한다. 가치관의 차이가 느껴지는 경우에는, 가족과 직접 이야기를 나누어 서로 납득할 수 있도록 해야 한다.

(b) 식생활 매너

알레르기가 있는 음식이나 섭취하지 못하는 음식이 있다면 미리 호스트 가족에게 이야기해야 한다. 호스트 가족에게 음식관련 알레르기나 제한 사항에 대해 미리 말해 주는 것은 호스트 가족이 음식을 준비할 때 주의를 기울일 수 있도록 도와준다.

(c) 충분한 표현력

"Please", "Thank you" 이 두 단어는 미국 생활에 있어 가장 중요한 표현이다. 눈빛만 보고는 절대 감정을 알 수 없으니 습관적으로 자연스럽게 사용할 수 있도록 미리 연습하는 것이 꼭 필요하다.

호스트 가족과의 애로사항 상담하기

(a) 호스트 가족에게 어떻게 하는 것이 좋은지, 어떤 생각을 가지고 있는지 구체적으로 말을 하는 것이 중요하다. 호스트 가족과의 생각을 함께 공유하고 문제 해결에 관해서 구체적으로 이야기 나누는 것이 중요한데, 그래도 해결되지 않을 경우에는 지역 담당자(AR/LC)와 상담하는 것이 좋다.

(b) 호스트 가족과 불화, 불만(가사분담, brother/sister와 싸움 등)이 있더라도 주위 친구들에게 섣불리 이야기해서는 안 된다. 가족 안에서 일어나는 일을 밖에 사람이 알게 되는 것과 같으며, 추후 다른 사람을 통해 이러한 얘기가 호스트 가족들에게 전해질 경우, 굉장히 불쾌할 것이기 때문이다.

(c) 한국 친구를 어쩌다가 만나도 미국인 앞에서는 영어로 대화하는 것이 좋다. 알아듣지 못하는 미국인은 다른 오해를 할 수도 있기 때문이다.

호스트 가정 변경하기

교환학생들은 기본적으로 한번 결정된 호스트 가정을 변경하는 것은 극히 드물며, 호스트 가족과 생활하면서 문화적인 차이로 인해 발생하는 문제들에 있어서는 열린 마음의 자세로 대화를 통해 해결하려는 노력이 있어야 한다. 단순히 호스트 가족과 성격 차이, 호스트 가족 내 일원들과 일상적인 마찰 등으로 인해 호스트 가정이 변경될 수는 없다.

(a) 배정된 가정에 적용하는 것은 학생의 의무이다.

(b) 호스트 가정에 적용하는 데 어려움이 있을 경우, 지역 담당자나 재단 본부 또는 한국 유학원 담당자와 상의하여 해결 방안을 의논해야 한다.

(c) 재단은 호스트 가족 변경을 하기에 앞서, 학생들이나 호스트 가족이 충분히 상의하고 개선을 위해 노력을 해야 한다고 생각한다. 가족 변경이 꼭 필요한지 여부는 학생과, 호스트의 충분한 이야기를 듣고 결정할 것이다.

(d) 호스트 가족 변경 시, 재단에서는 학교 변경 없이 동일한 학교에 다닐 수 있도록 모든 노력을 기울이지만, 재학 중인 학교 부근에 학생을 받아줄 수 있는 자원봉사자 가정이 없다면 상황에 따라 학교와 지역 모두 변경될 수 있다.

(e) 호스트 가정을 옮기는 데 발생하는 비용(이동비용, 사립일 경우 학비 추가, 기타 등)은 학생이 지불해야 한다.

(f) 호스트 가족과 불화가 지속되면 학생의 미국 문화 부적응의 문제로 인지되어, 프로그램 지속 여부를 판단할 수 있다. 이런 경우 개선이 불가능하다고 판단하면 한국으로 돌아와야 하는 이유가 될 수도 있으므로 학생은 반드시 재단의 규정과 미국 문화 적응을 위해 충분히 노력해야 한다.

윤예지 학생(2021년 1월 학기 ISE 재단-J1 공립교환)

교환학생은 추억의 종합 선물세트

안녕하세요, 저는 워싱턴주의 스탠우드라는 마을로 교환학생을 다녀온 윤예지입니다. 저는 Ricarte 가족과 독일에서 온 교환학생 Jenny와 고양이 5마리와 함께 지냈습니다. 저는 이곳에 오기 전 미국에 처음 가는 것일 뿐만 아니라 혼자 비행기를 타고 가야 하기 때문에 걱정이 많았어요. 그래도 운이 좋게 비행기 환승을 하지 않아도 되어서 무사히 잘 도착했고 저를 마중 나오신 저의 호스트 맘과 만나게 되었습니다.

저의 호스트 맘은 저를 반갑게 맞이해 주셨고, 집에 도착해서 방 소개와 이 집에서 지켜야 할 규칙들을 하나씩 설명해 주셨습니다. 그리고 며칠 후 Jenny가 오며 저희는 모두 모이게 되었고, 한 가족이 되었습니다. 식사를 할 때면 저와 제니는 항상 부엌에 나가 접시와 포크, 나이프와 물을 함께 세팅하며 조금이라도 호스트 맘께 도움이 되기 위해 노력했습니다. 하루는 Jenny가 독일 음식을, 저는 한국 음식을 만들어 호스트 부모님께 대접했어요. 저는 떡볶이와 잡채를 만들었는데 떡볶이는 매워서 거의 못 드시더라고요. 그래도 잡채는 맛있게 드셔서 기분 좋은 저녁 식사가 될 수 있었습니다.

　저와 Jenny는 코로나로 인해 좀 빨리 왔기 때문에 개학하기까지 시간이 좀 남아 있었습니다. 그래서 저와 Jenny는 집 주변에 있는 호수에 가끔 가곤 했습니다. 걸어서 10분밖에 걸리지 않기 때문에 함께 걸어서도 가고 달리기를 해서 가기도 했습니다. 그리고 하루는 자전거를 타고 1시간 정도 돌아다니며 동네 구경도 했습니다.

　이렇게 꿈같은 일상을 지내다가 개학을 했는데 코로나로 인해 일단 온라인으로 진행되었습니다. 그래서 더 긴장을 했는데 온라인으로 수업에 들어갈 때마다 선생님들께서 반갑게 인사해 주시고, 소개도 해 주셔서 꽤 재미있는 온라인 수업이었답니다. 그리고 저와 Jenny는 학교 수업이 끝난 후 원하는 학생이라면 누구나 참가가 가능한 Cross country와 Track and Field에 가입했습니다. Cross country는 화요일과 금요일에 하고 Track and Field는 월요일과 목요일에 하는데, 운동을 안 하던 저에게 일주일에 4번의 운동은 너무 힘들었습니다. 그래도 열심히 해서 조금씩 발전했답니다. 또 운동을 하는 것으로 인해 새로운 친구들도 많이 사귀었습니다. 친구들이 가끔 한국어를 궁금해할 때면 제가 알려 주며 더 즐거운 미국 생활을 했습니다. 그리고 하루는 저희 호스트 부모님의 손녀가 3일간 집에서 함께 머물게 되었는데 그때 마침 많은 눈이 내려서 같이 눈사람도 만들고 사진도 찍으며 좋은 추억을 만들었습니다.

미국에 오기 전에는 1년 동안 가족들과 떨어져 살 생각에 두려웠지만, 친절한 호스트 가족들과 친구들 덕분에 시간 가는 줄 모르고 많은 추억들을 쌓으며 지내고 왔답니다. 여러분도 더 많은 것을 경험하고 좋은 추억 쌓고 오길 바랍니다. 응원합니다.

M.
미국 고등학교 생활 적응하기

교환학생으로 미국 공립학교에서 학업을 하는 경험은 매우 특별하고 소중한 기회이다. 미국 공립학교에서는 학업에 대해 적극적이고 성실히 수업에 참여해야 하며, 정규 과정의 시스템에 맞춰 공부하고 학교 교칙을 준수하는 것이 중요하다. 아래는 교환학생들의 미국 고등학교 생활에 적응하기 위해 주의할 사항과 알아 두면 좋을 내용이다.

학교 수업 적응하기

학기초 시차에 적응되지 않은 상황에서 학교 수업 초기에는 피곤함을 포함해 여러가지 요인으로 영어를 알아듣기 힘들 수도 있다. 이것은 자연스러운 현상으로 조금씩 휴식을 취하며 주위 친구, 선생님들에게 익숙해질 때까지는 천천히 말해 줄 것을 부탁하는 것이 좋다. 적응 시간이 짧게는 2~3주 길게는 한 달 이상 걸리는 경우도 있지만, 선배 교환학생들의 경험담에서도 알 수 있듯이 일정 기간이 지나면 익숙하게 되어 즐거운 학교 생활을 하게 된다. 새로운 학교 생활에서 빠른 적응 방법은 모든 활동에 관심을 갖고, 특히 스포츠 클럽 활동에 참여하는 것이 친구 사귀기에 많은 도움이 된다.

학교 규칙 준수하기

어떠한 경우라도 학교 규칙을 잘 따라야 한다. 규칙 중에 이해가 안 되는 부분이 있다면 선생님, 학교 관계자들, 호스트 가족 또는 지역 관리자에게 물어봐서 충분히 이해를 하도록 한다. 학기 중에 무단 결석을 해서는 안 되며, 결석할 상황이 발생하면 호스트 부모를 통해 학교측에 사전 전화를 통해 사유를 밝히면 된다. 수업에 지각 또한 허용되지 않고, 이유가 확인되지 않은 잦은 지각이 발생 시 재단 프로그램에 의해 공식적으로 처리될 수 있다. 또한, 마약, 흡연, 음주, 성희롱, 부정행위, 복장 위반, 도박, 싸움/무기 소지, 무단 결석, 잦은 조퇴 및 지각 등과 관련된 문제들은 교환학생에게 엄격히 적용된다. 이러한 규칙 위반은 교환학생 프로그램 중단으로 이어지고 조기 귀국이 될 수 있음을 명심해야 한다.

(a) 아래와 같은 경우 결석, 지각이 인정되며 반드시 사유서를 제출해야 한다

① 법적으로 인정하는 결석, 지각(Legal Reason for Absence or Tardiness/Excused Absence)

- 질병인 경우

- 가족의 누군가가 병환 중이거나 사망한 경우

- 도로 사정이나 날씨로 인해 통학이 불가능할 경우(교육 위원장의 인가를 필요)

- 입원 중인 경우 등

② 법적으로 인정이 안 되는 결석(Illegal Absence/unexcused Absence)

부모의 승인하에 여행, 휴가, 가정의 사정 등으로 결석할 경우, 보호자는 결석 예정 일수 등을 보고하고, 결석한 수업 부분을 채우는 방법이나 시험일 변경 등을 각 교사와 논의해야 한다. 사전 신고가 없을 경우, 결석하여 받지 못한 부분의 수업은 제로가 되며 그것이 자주 반복될 경우 학생은 그에 준한 징계를 받게 된다.

(b) 규칙과 요구 사항

① 복장에 대한 규칙이 있으니 반드시 따르도록 한다.

② 조퇴를 해야 할 경우 반드시 학교 관계자의 허가를 받아야 하며, 각 학과목 선생님께 얘기해야 한다. 허가 없이 수업에 빠지거나 사유서를 제출하지 않고 지각 혹은 조퇴를 할 경우, 재단 프로그램 규정에 의해 공식적으로 경고조치를 받을 수 있으며 학교에서 제적되어 한국으로 조기 귀국하게 될 수도 있다.

③ 공손한 태도로 학교선생님 및 학교 담당자들을 대해야 한다.

④ 아래와 같이 미국 학생들에게 적용되는 모든 금지된 규율을 따라야 한다.

- 불법 약품 & 음주/흡연

- 운전 & 성추행

  Cheating(긴닝) & 표질(plagiarism)

- 도박 & 무기/격투

- 무단 결석 또는 지각

⑤ 폭력(언어폭력 포함)이 발생할 경우 학교로부터 즉각적인 퇴학 조치와 함께 프로그램이 조기
　종료될 수 있다.

학과목 선택 및 학점 유지

　교환학생들은 학과목 중 미국 역사와 영어 과목은 필수로 수강해야 한다. 수강 과목은 학교 카운
슬러와 상의하여 변경이 가능하며, 학년은 최대한 한국 학년에 맞춰 배정이 되나, 학교 규정 및 상
황에 따라 상위 학년(11학년 또는 12학년)으로 배정되는 경우도 있다. 모든 과목은 평균 "C"를 유지
해야 하며, 만약 학업 성취도가 너무 낮을 경우 학교는 학생을 퇴학시킬 수 있으며 학교로부터 퇴
학을 당하면 재단 프로그램은 종료가 된다.

　학교별로 차이가 있지만, 대부분의 미국 학교에서는 성실함과 학습태도가 매우 중요한 덕목으로
간주된다. 학생들은 수시로 주어지는 과제물을 정해진 기한 내에 제출하며, 수업 시간에 활발하게
참여한다. 학교 과제물이나 준비물, 수업참여도는 학점을 결정하는 데 60%의 큰 비중을 차지하고,
나머지 40%는 테스트 결과로 학점을 주는 경우가 많다. 따라서 학생들은 성실하게 학교 과제물을
제출하고 수업에 적극적으로 참여함으로써 좋은 성적을 얻을 수 있다.

졸업장 및 수료증

　교환학생 프로그램은 유학생 비자 신분으로 참여하는 학업 프로그램이 아니므로 학생의 졸업장
혹은 수료증 발급이 보장되지 않는다. 다만 미국의 12학년으로서 졸업식 참여 경험은 가능하다.
학교마다 다른 입학 정책이 적용되므로, 학교에 무리한 서류 발급 요청을 해서는 안 된다. 학생들
은 학교 생활이나 서류에 대한 의문점이 생길 경우 경험이 많은 한국 유학원에 꼭 상의를 하여 도
움을 받도록 한다.

학교 스포츠 및 클럽 활동

　학교에 개설되어 있는 스포츠 및 클럽 활동에 가입할 수 있으나 학교 규정에 따라 주전선수
(Varsity)로는 활동이 불가능하다. 학교 친구들이나 선생님들을 통해 학교 내 다양한 스포츠 및 동아
리 활동에 대한 정보를 수집하여 다양한 문화를 접하고 새로운 친구들을 사귀는 좋은 기회로 활용하
기 좋다. 방과 후 활동 시 호스트 가족의 라이드가 없으면 참여가 어려우니 결정하기 전 미리 호스트
와 픽업 관련하여 확인하는 것이 좋으며, 클럽 활동에 대한 별도 비용은 학생 개인 부담이다.

이승우 학생(2020년 1월 학기 ISE 재단-J1 공립교환)

물음표에서 느낌표로!

안녕하세요. 미국 미시간주에서 공립교환학생 프로그램을 무사히 마치고 돌아온 이승우입니다. 저는 조금 늦은 배정을 받고 9월 3일에 미국에 도착했습니다. 학교는 개학한 지 1주일이 지난 상황 이었고요. 처음 혼자 떠나는 미국 여행에 설레기도 했지만 두려움도 있었습니다. 비행기를 타고 가면서 많은 생각을 했습니다. '미국은 과연 영화랑 똑같을까? 아니면 완전히 다른 세상일까?' '내가 과연 가족 없이도 잘할 수 있을까?' 등 수많은 생각을 하면서 미국행 비행기를 탔던 기억이 납니다.

학기 초반 1주일간 조금 힘들기는 했던 것 같습니다. 대부분의 교환학생들은 한 번쯤 친구를 어떻게 만들까 고민했을 거라 생각됩니다. 다행히 우리 학교에는 'iconnec'이라는 프로그램이 있어서 교환학생과 현지 학생들이 함께 시간을 보내며 숙제를 도와주고 그들이 먼저 다가와 친구가 되어주기도 했습니다. 그리고 생각보다 수업 분위기가 굉장히 자유로워서 한국 학교 수업보다 교실 분위기가 항상 더 밝았던 것 같습니다

저는 크로스 컨트리라는 마라톤 비슷한 학교 클럽에 들어갔는데 친구 사귀는 데 많은 도움이 되었고 새로운 경험을 하고 친구들과 여러 가지를 함께할 수 있어 정말 좋았습니다. 학교 수업은 그

렇게 어렵지 않았고 수학은 좀 많이 쉬워서 뒤늦게 바꾸려고 했지만 시간이 지나 바꾸지 못하는 바람에 아쉬웠습니다. 과목을 바꾸고 싶다면 학기 초반에 빠르게 변경해야 합니다.

한 달 정도 시간이 지나고 나니 학교 생활과 홈스테이 생활은 완벽하게 적응이 되었던 것 같고 다행히도 향수병 같은 건 느끼지 않았습니다. 만약 친구 사귀는 것 때문에 걱정이 많다면, 너무 조용하게 지내는 것보다 좀 더 적극적인 자세로 생활하는 것이 도움이 됩니다.

학교 생활도 어느 정도 적응되고 친구들도 많이 생겼지만, 생각지 못하게 호스트 할머니와 자주 부딪히는 일들이 생겨나고 갈등이 시작되었습니다. 물론 재단과 상의해서 홈스테이를 바꿀 수는 있지만 무작정 바꾸겠다는 마음보다 우선 호스트와 갈등 해소를 위해 노력하는 것이 먼저라고 생각했습니다. 그렇게 해도 상황이 변화가 없다면 두 가지 방법이 있습니다. 첫 번째는 지역 관리자와 상의해서 호스트 가정을 바꾸는 것과 두 번째는 호스트 해 줄 수 있는 친구의 집을 직접 찾는 방법입니다. 나와 다르게 살아온 사람들과 함께 살면서 생길 수 있는 이러한 상황들 때문에 스스로 자괴감에 빠지거나 우울할 필요는 없습니다. 홈스테이를 바꾸기 전까지 집에서 하듯이 평소대로 생활하고 항상 공손하게 행동해야 합니다. 만약 그렇지 않을 경우 호스트 가족이 학생에 대한 평가를 안 좋게 할 수 있기에 무례한 행동을 해서는 절대 안 됩니다.

함께 지내던 태국 친구와 저는 재단의 도움으로 홈스테이를 옮기기로 결정했습니다. 새로 옮긴 홈스테이 가정에서는 한국의 내 집처럼 편하게 지낼 수 있었습니다. 새로운 홈스테이로 옮긴 후에 추수감사절이 되면서 홈스테이 가족의 여러 친척들이 모여 칠면조도 먹고 다양한 음식들이 많아 우리나라의 추석 같은 느낌이 들었습니다. 홈스테이를 바꾸고 나서 모든 것이 만족스럽고 행복했습니다.

미국 교환학생 성공 가이드

그리고 세상 사는 법은 어디나 비슷하다고 생각을 했는데 한국에서도 성실히 행동하고 남들에게 어떻게 행동하는지에 따라 나를 대하는 사람들의 태도가 달라지듯이, 여기에서도 친구들 사귀는 것 걱정하지 말고 진심으로 사람들을 대하면 충분합니다.

　　그리고 집안일도 돌아가면서 하는 경우가 있는데, 만약 집안일을 아무것도 모르면 조금 배워 가면 좋습니다. 특히, 스스로 만들어 먹을 수 있는 간단한 요리 정도는 할 줄 아는 것이 교환학생 생활에서 많은 도움이 된다는 것을 꼭 말해 주고 싶습니다. 저의 체험담이 교환학생을 준비하는 모든 후배들에게 도움이 되길 바랍니다. 감사합니다.

미국 재단은 다양한 국적의 청소년들을 통제하고 안전하게 보호하기 위해 엄격한 규정을 만들어 학생들을 관리하고 있다. 이 부분에는 여행에 대한 부분도 포함되어 있다.

학생이 여행할 경우 지켜야 할 규정

(a) 교환학생 프로그램에서 여행은 학생들의 안전문제로 동반자 없이 지역 외부로 숙박하는 단독 여행은 허락되지 않는다.

(b) 당일 도시 여행을 하거나 호스트 가족의 허가를 받아서 쇼핑몰이나 레크리에이션 장소에 갈 수 있다. 단, 사전에 장소와 시간, 동반자 등의 정보를 호스트 가족에게 미리 전달하여 허가를 받아야 한다.

(c) 불가피한 상황이 발생할 경우(부모 혹은 조부모의 건강상 위독 등) 프로그램 기간 중 한국으로 잠시 귀국이 가능하다. 그럴 경우 재단에서 반드시 승인서를 받아야 한다.

(d) 호스트 가족과 함께 가는 여행은 언제라도 허락되며, 만약 국경을 넘어야 하는 경우에는 재단의 허락이 필요하다. 그러나 시기와 기간에 대해서는 지역 담당자와 반드시 미리 이야기가 되어야 한다. 여행에 따른 비용은 일정부분 학생 부담이 원칙이나 호스트 상황에 따라서 달라질 수 있다.

(e) 호스트 가족이나 재단이 계획한 여행에 참석하기 위해 학교 결석을 해야 하는 경우에 반드시 학교로부터 허가를 받아야 하며, 이때는 각 과목 선생님들에게도 여행일정을 전달하여 수업에 빠지고 숙제를 제출하지 못하는 사정을 미리 허락받아야 한다. 여행을 마친 후에 밀린 숙제를 제출하면 선생님들은 대부분 학점에 불이익을 받지 않도록 배려한다.

(f) 1월 학기 참가자의 경우, 약 2개월 반의 여름방학 기간 동안 한국으로 돌아왔다가 다시 출국하는 것이 원칙이다. 이 기간 동안 미국 내의 친지를 방문하거나 호스트 가족 집에 계속 머물고자 한다면 호스트 가족과 지역 관리자의 최종 허가가 있어야만 가능하다.

친인척 방문 여행에 대한 규정

(a) 프로그램 기간 동안 원칙적으로 친인척, 부모님의 방문이 불가하다. 하지만 일정 기간(최소 6개월 이상)이 지나 학생들의 현지 적응이 충분히 되었다고 판단된 후, 부모님이나 친지가 미국 방문을 해야 하는 경우, 지역 담당자 및 호스트 가족에게 먼저 승인을 받아야만 한다. 만약 승인 없이 방문할 경우 규정을 지키지 않은 것으로 간주되어 불이익을 받을 수 있다.

(b) 프로그램이 끝날 무렵에 친인척, 부모님의 방문은 대부분 허락이 된다. 호스트 가족과 마지막으로 인사하고 가는 시기로 이 기간 동안 부모님의 숙소나 교통, 짐에 대해서는 스스로 책임을 져야 하며 호스트 가족에게 부담을 주어서는 안 된다.

(c) 프로그램 종료 시점에 맞춰 귀국 전 미국에 있는 친지를 방문할 계획이라면 사전에 지역 담당자 및 재단 본부의 허가가 있어야 한다. 프로그램 종료 후 미국에서 머물 수 있는 기간은 학교 종강일로부터 20일 이내이므로 친지 방문 일수를 꼭 확인하여 머무는 기간을 조정해야 한다. 또한, 학교 종강일 5일 이후부터 보험료가 추가되며, 추가된 보험료를 납부해서 만약의 사고를 대비해야 한다. 친척 집으로 이동과 동시에 미국 재단은 학생에 대한 모든 책임에서 면책된다.

정여진 학생(2020년 1월 학기 ISE 재단-J1 공립교환)

내 인생 최고의 1년!

안녕하세요? 고등학교 2학년을 미국에서 교환학생으로 참가하고 돌아온 정여진입니다. 저는 한국이 아닌 다른 나라에서 공부하는 교환학생 프로그램에 대하여 흥미롭게 생각해 왔고, 다른 언어를 사용하는 나라에서 공부하는 것이 특별한 경험이 될 것이라고 생각했습니다. 또 한국과는 다른 교육방식을 항상 체험해 보고 싶었고, 1년의 교환학생 경험이 저에게 실질적인 도움이 될 것이라 믿었기에 고교 2학년이란 중요한 시기임에도 프로그램에 참가하기로 결정했습니다. 하여 출국 전 교환학생 프로그램 참가를 준비하면서 작은 목표를 세웠습니다.

첫째, 교환학생 생활을 하는 동안 지켜야 할 규율을 잘 지키고 안전하게 생활하자.

둘째, 학교 동아리나 행사에 적극적으로 참여하여 다양한 친구들과 소통하고 미국 문화를 체험할 수 있는 기회를 갖자.

셋째, 외국어를 사용한다고 기죽지 말고 자신감을 가지고 먼저 인사하며 선생님, 호스트 가족, 친구들에게 오픈 마인드로 다가가자.

미국에서 생활하는 동안 저는 이 목표들을 지키려고 많은 노력을 했습니다.

1월 학기 교환학생 프로그램을 신청하여 미국 텍사스 오스틴에 위치한 Akins High School에 배정받았습니다. 샌프란시스코에서 경유하여 텍사스 오스틴 공항으로 도착하는 항공편을 선택했습니다. 최종 목적지에 도착하자 공항에 지역 관리자님과 호스트 부모님들이 모두 나와서 저를 반갑게 맞이해 주셨고, 호스트 부모님 차를 타고 집으로 이동했습니다.

미국에 도착하여 4일 동안 시차적응을 마치고 Akins High School에 등교하여 첫날에 수업과목, 스쿨버스 등 세부사항들을 등록했습니다. Biology, French 1, Art, Dance, Geometry, US History, English 2, Geography 총 8개의 과목을 A day와 B day로 나누어 들었답니다.

텍사스는 멕시코와 가까워서 그런지 멕시코 친구들이 많았고, 친구들과 선생님들도 저에게 친절하게 대해 주셨고 선생님들은 Advisory 시간에 상담과 신경을 많이 써 주셔서 너무 감사했습니다. 학교에서 좋은 친구들을 사귀게 되었으며, 특히 다른 사람을 돕는 걸 좋아하는 친구들을 많이 만나게 된 것이 행운이라고 생각합니다. 친구들과 약속을 잡고 카페나 공원에 가거나 친구들 집에서 파티도 하며 즐거운 시간을 보냈습니다.

저는 봉사 동아리와 멕시코 전통 댄스 '폴로리코'라는 댄스 동아리에도 들어갔는데, 지역 초등학교 행사공연에 참가하게 되어 댄스 연습을 열심히 했습니다. 아침식사로 학교에서 제공해 주는 빵과 시리얼을 먹고, 점심으로는 학교 식당을 이용했는데, 학생들은 피자, 국수, 밥과 샐러드 4가지 종류의 음식을 선택하여 먹을 수 있었던 것이 정말 좋았습니다.

또, 미국 학교에서 공부하면서 한국과는 다른 많은 차이점을 느끼게 되었던 부분에 대해서 이야기해 드리겠습니다. 제일 흥미로웠던 점은 시험에 통과하지 못해도, 시험에 통과할 때까지 재시험을 칠 수 있는 기회가 많이 있다는 것입니다. 또한 한국보다 활동적인 분위기와 다양한 활동을 하며 수업을 배울 수 있다는 점이 제일 좋았습니다.

친구들은 저에게 자원봉사 동아리를 소개해 주었습니다. 처음 봉사로 UT대학교 졸업파티 행사에 보조를 하러 갔었는데 저와 친구들은 UT대학의 대학생들과 대화도 하고 공연도 보고, 춤도 추면서 즐거운 시간을 보냈습니다.

주말과 휴일에는 친구들과 호스트 가족과 함께 보드게임도 하고 영화도 보면서 시간을 보냈습니다. 또, 동네를 돌며 산책하기도 하고 가까운 공원에 가기도 했습니다. 호스트 부모님과 롤러스케이트를 타러 간 적도 있는데, 정말 즐겁고 유쾌한 시간이었습니다. 그날 오후에 운동을 끝내고 돌아오는 길에 저녁에 먹을 음식 재료를 사러 마트에 들러 새우와 베이컨, 당면을 사서 호스트 부모님께 잡채와 불고기를 해 드렸고, 피자와 초밥 등 많은 음식을 함께 만들어 먹으며 너무 행복한 시간을 보냈습니다.

미국 교환학생 성공 가이드

　호스트 부모님과 저는 미술활동을 좋아했습니다. 일요일에 가끔 페인팅 수업을 예약해서 같이 그림을 그리는 활동을 했는데 호스트 가족과 같은 취미를 가지고 함께 참여하는 활동은 특히 교환학생 생활에 정말 즐거운 추억으로 남는 소중한 시간이었다고 생각합니다. 이 외에도 너무 많은 추억들이 있지만 여러분들이 직접 체험하시면서 느끼는 것이 더 중요할 듯하니 저는 교환학생 참여를 꼭 하시라는 말씀만 드리고 싶습니다. 감사합니다.

CHAPTER 5

아듀~ 미국!
아쉽지만 이젠
집으로 돌아가자!

프로그램 종료 후 귀국 준비

소지품 한국으로 미리 보내기

소지품이 아주 많다면 한국으로 출발하기 전에 더이상 사용하지 않는 옷가지 등을 미리 보내는 것이 좋다. 9월 학기 학생의 경우 4월쯤에는 겨울 옷과 그동안 구입한 기념품 등 필요치 않은 것들을 미리 보내면 출발할 때 상당히 편해진다.

출발일이 가까워지면, 추가요금 없이 비행기로 가져갈 수 있는 짐의 크기와 무게에 대해 미리 확인할 필요가 있다.

마지막 청구서 지불하기

홈스테이 가정에서 체류하는 동안 지불하지 않은 청구서가 있는지 호스트 가족과 이야기해야 한다. 특히 체류 중 대형병원을 다녔는데 보험에서 커버리지가 되지 않는 병원비 청구서를 한참 후에 보내는 경우가 있을 수 있다. 출발 전에 모든 비용을 지불하고 떠나야 남은 호스트 가족들이 불편함을 겪지 않는다.

귀국 항공편 예약 변경하기

출국 시 예약했던 왕복 항공권은 학생이 배정된 시기의 항공 예약이므로 귀국 일정이 대부분 변화가 있을 수밖에 없다. 미국에서 학교의 종강일이 결정되는 2~3월경 한국에서 도움을 받은 유학원 또는 여행사로 연락하여 귀국 항공 일정에 대해 정확히 재안내를 받아 제대로 된 일정으로 변경해야 한다. 귀국 항공 스케줄을 변경하게 될 경우, 항공사에 따라 변경 수수료가 있을 수 있다.

출발 전, 재점검 목록 체크하기

(a) 여권 점검

(b) DS-2019(혹은 I-20) 서류 점검

(c) 귀국 항공권 예약 및 재확인(학교 종료 5일 이내 귀국해야 함)

항공사에 연락해 다음과 같은 사항을 점검한다.

 - 나의 항공 예약이 제대로 잘되어 있는가?

 - 항공 편명이나 출발 시간이 변경되었는가?

 - 수화물 전체 혹은 하나의 허용 무게는 어느 정도인가?

 - 몇 개의 가방을 가지고 탑승할 수 있는가?

(d) 개설한 은행 계좌 또는 핸드폰이 있다면 정리한다.

(e) 학교 정리(아포스티유 확인된 재학증명서, 성적증명서 등 증명 서류 가져오기)

작별 인사하기

교환학생 기간 동안 소중한 추억을 안겨준 호스트 가족과 친구들에게 떠나면서 감사의 마음을 전하고 유종의 미를 거두는 것이 마지막 임무이다.

(a) 감사와 작별 인사를 해야 할 사람이 누구인가?

(b) 어떻게 감사와 작별 인사를 할 것인가?

(c) 선생님, 이웃들, 친척, 코디네이터, 친구들, 호스트 가족을 기억할 수 있는 방법은?

(d) 나와 인연이 되었던 사람들의 전화번호와 주소를 가지고 있는가?

이장민 학생(2022년 8월 학기 ASSE 재단-J1 공립교환)

인생의 뜻깊은 변화를 가져다준 교환학생 경험

한 장의 세계지도를 보며 머릿속에는 미지의 세계로 가는 비행기 소리가 울려 퍼지고 있었습니다. 그 순간, 저는 교환학생 참가에 대한 결심이 굳어졌습니다. 이 글에서는 저의 교환학생 참가 계기, 미국 학교 생활, 그리고 호스트 가족과의 소중한 경험을 통해 어떤 변화가 만들어졌는지에 대해 이야기하고자 합니다. 교환학생이라는 결심은 제 삶에 새로운 경험과 도전을 원하는 욕구에서 시작되었습니다. 저는 항상 다른 문화와 사람들을 알아가는 것에 관심이 많았고, 전 세계에서 다양한 경험을 쌓고 싶었습니다. 교환학생으로서 다른 나라의 학교에서 공부하고 친구를 사귈 수 있는 기회는 저에게 있어 보석 같은 값진 경험이었습니다.

미국 켄터키주 Walton-Verona Independent School에 도착한 순간, 미국의 다양성과 열정에 깊이 감동했습니다. 학교 내에서는 학문적인 열정이 눈에 띄었고, 다양한 동아리 활동과 스포츠 경기에서 미국 학생들의 열정과 활기찬 모습을 접할 수 있었습니다. 이들과 함께 노력하고 성장하는 경험은 저에게 큰 동기부여가 되었고, 이제는 어떠한 도전도 겁내지 않고 이루어 낼 수 있는 자신감을 가지게 되었습니다.

뿐만 아니라 호스트 가족과의 생활은 저에게 큰 영향을 미쳤습니다. 호스트 가족은 마치 제 두 번째 가족처럼 따뜻하게 저를 맞이해 주었고, 저의 문화를 이해하려 노력해 주었습니다. 이를 통해 저는 다른 문화와 가치관을 존중하고 이해하는 능력을 키울 수 있었고 더 나아가서 서로의 관점을 존중하며 대화하고 협력하는 것의 중요성을 배웠습니다. 미국 가족과 보낸 이러한 소중한 시간은 저에게 더 넓은 시각과 열린 마음을 갖게 해 주었습니다.

저는 교환학생 경험을 통해 저의 잠재력을 발견하고 개발할 수 있는 소중한 기회를 얻었습니다. 다른 문화의 사람들과 소통하며 저는 인격적으로도 많이 성장할 수 있었고 미래에 직면할 다양한 도전들에 대해 더욱 자신감을 가질 수 있게 되었습니다. 또한, 다른 문화에 열린 태도를 가지고 다양한 가치관을 이해하고 존중하는 것의 중요성을 몸소 체험했습니다.

교환학생으로 참가한 이 경험은 저의 인생에서 정말 뜻깊은 변화의 계기가 되었습니다. 새로운 환경에서의 도전과 성장은 저를 더욱 강하고 자신감 있는 사람으로 만들어 수었습니다. 이제 저는 미래의 도전에 두려움 없이 나아갈 수 있으며, 다른 문화와 가치를 이해하고 존중하는 세계 시민으로서 역할을 다할 자신이 있습니다.

교환학생 프로그램 참가는 저에게 일생일대의 최고의 경험을 선사해 주었습니다. 그 경험을 통해 제가 얻은 인생의 변화는 저를 영원히 영향을 주는 값진 선물이 되었습니다. 앞으로도 항상 새로운 도전을 감히 받아들이고, 세계의 다양성을 존중하며 평화로운 세상을 만들기 위해 노력하겠습니다.

교환학생 후배들에게 전하고 싶은 말이 있습니다. 교환학생 프로그램은 삶을 풍요롭게 만들어 주는 흥미진진한 경험이 될 수 있습니다. 이제부터는 어떻게 하면 교환학생 경험을 성공적으로 마무리할 수 있는지에 대해 몇 가지 조언을 드리겠습니다.

첫째로, 열린 마음을 가지세요. 교환학생 경험은 새로운 문화와 사람들을 만나는 과정입니다. 이를 통해 삶의 다양성을 체험하고 세계를 바라보는 시야를 넓힐 수 있습니다. 따라서, 예상치 못한 상황에 대해 유연하게 대처하고 다른 문화와 가치관을 존중하는 마음가짐을 갖는 것이 중요합니다. 개방적이고 호기심 있는 자세로 새로운 경험을 받아들이길 바랍니다.

둘째로, 주도적으로 참여하세요. 교환학생은 단순히 수업에 참여하는 것 이상의 경험이 될 수 있습니다. 동아리 활동, 스포츠, 지역 사회 봉사 등 다양한 활동에 적극적으로 참여하면 새로운 친구를 사귈 수 있고, 다양한 경험을 쌓을 수 있습니다. 주도적으로 참여하며 자신만의 추억을 만들어 나가세요. 그리고 어려운 순간이 오더라도 포기하지 말고 도전하는 마음가짐을 가지세요.

셋째로, 언어와 소통에 집중하세요. 교환학생으로서 중요한 요소는 언어입니다. 국내에서 배운 영어 실력을 발휘하고, 현지의 언어를 배우며 소통 능력을 향상시키세요. 언어를 통해 주변 사람들과 관계를 더욱 깊이 있게 형성할 수 있고, 현지 문화를 보다 깊이 이해할 수 있습니다. 영어 학습에 열정적으로 임하고, 실제 상황에서 말하기와 듣기 연습을 지속적으로 해 나가세요.

넷째로, 호스트 가족과의 관계를 소중히 여기세요. 호스트 가족은 교환학생 생활에서 가장 중요한 지원군입니다. 호스트 가족과의 관계를 존중하고 소중히 여기며, 그들과의 소통을 활발히 이어 가세요. 그들과 함께 시간을 보내며 서로의 문화를 나누고 이해하는 노력을 기울이세요. 호스트 가족은 평생 동안 연결되는 소중한 두 번째 가족이 될 수 있습니다.

마지막으로, 감사하며 성장하세요. 교환학생 경험은 특별하고 소중한 시간입니다. 어떠한 상황이든 감사한 마음으로 받아들이고, 경험을 통해 성장해 나가세요. 어려운 시기일지라도 긍정적인 마인드와 인내심을 가지며 어려움을 극복해 나가세요. 그리고 돌이켜보았을 때, 이 경험이 여러분의 인생에 미치는 영향과 가치를 인정하며 앞으로 나가시길 바랍니다.

　교환학생 후배 여러분들께서는 이러한 조언을 참고하여 즐거운 교환학생 생활을 하시기를 바랍니다. 자신의 한계를 뛰어넘고 새로운 경험을 추구하는 동안, 세계를 보다 평화롭고 이해심을 가지고 다른 시각으로 바라볼 수 있을 것입니다. 저도 여러분의 성공적인 행복한 교환학생 생활을 응원하겠습니다. 감사합니다.

교환학생 이후 다시
미국 사립학교로 진학할까?
교환학생 이후 진로는?

미국 유학으로 연장 방법

F1 공립교환 프로그램

(a) F1 공립교환 프로그램 소개

미 국무부 초청 공립교환학생 프로그램을 참가했던 학생들은 공립학교에서 내신을 잘 받는 방법과 현지 친구들과 어울려 생활하는 즐거움 등 공립학교 장점을 잘 알고 있다.

이에 교환학생처럼 공립학교에서 지속적으로 학업 할 방법을 문의하지만 아쉽게도 미국 공립학교는 시민권을 지닌 학생들의 교육을 위해 무상교육을 하기 때문에 일반적으로 유학생이 계속해서 학업할 수 없다. 하지만 일부 공립학교에서는 외국 학생들이 학비를 지불하고 유학생 비자로 학업할 수 있도록 허용하고 있고 대신 기간은 1년만 가능하다. 미국 교육 재단들이 지속적으로 공립학교에서 학업을 하고자 하는 학생들을 대상으로 유학비자인 F1 비자를 받고 1년간 미국 명문 공립 고등학교를 재학할 수 있는 프로그램을 운영하고 있다.

(b) F1 공립교환 프로그램 특징

① 창의력 중심의 교과 과정 제공!

미국의 명문 공립고등학교에서는 다양한 AP, Honors 과목들을 제공하며, 방과 후 활동으로 스포츠, 클럽 활동, 봉사활동을 함으로써 주 내의 각종 대회에 참여할 수 있는 기회를 제공한다.

② 생활하며 배우는 세계 공통어인 영어 습득!

J1 공립교환학생들처럼 안전한 홈스테이 가정에서 생활하면서 영어 능력 향상뿐만 아니라 12학년으로 갈 경우에는 졸업도 가능한 프로그램으로 대학까지 연결될 수 있는 장점이 있다.

③ 다양한 지역의 사립학교로 진학 가능!

랜덤으로 배정되는 공립교환 프로그램과는 달리 지역 선택이 가능하며 11학년 이하로 F1 공립학교 프로그램 참가 후 미국 고등학교 졸업을 원할 경우 사립학교로 선택하면 된다. 또한, 재학 기간 동안 향후 진로에 대한 컨설팅을 받을 수 있으며, 지속적으로 안전한 유학 생활을 할 수 있다.

④ 균형 잡힌 학업과 운동, 방과 후 활동!

영어 능력이 부족한 학생들을 위한 ESL 수업이 가능하며, 방과 후 클럽 활동, 스포츠, 봉사활동 등 다양한 활동을 통해 미국 고등학교 교육과 문화를 체험할 수 있다.

(c) F1 공립학교 추천 리스트

국제학생에게 1년을 오픈하는 공립학교들은 매년 새로운 학교 리스트가 오픈된다. 따라서, 프로그램을 진행하길 원하면 본 프로그램을 관리하는 유학원이나 공립 학교들을 통해 최근 정보를 사전 체크하길 바란다.

Hopkinton High School, MA(홉킨톤 공립고등학교, 매사추세츠주)

학교소개 INTRODUCTION

홈페이지	https://www.hopkinton.k12.ma.us/		
주소	89 Hayden Rowe Street Hopkinton, MA 01748		
설립연도	2001	종류	남녀공학, 공립학교
종교	없음	교사/학생	1:20
학년	9~12	전교생 수	1,231
ESL	Y	유니폼	N
지원자격	Minimum ELTiS 206/최근 3년 내신 성적/Interview		

과외활동 ACTIVITY

Ap & Honors	AP 2D Art and Design, AP 3D Art and Design, AP Art History, AP Biology, AP Calculus AB, AP Calculus BC, AP Chemistry, AP Computer Science A, AP Computer Science Principles, AP English Language and Composition, AP English Literature and Composition, AP Environmental Science, AP French Language and Culture, AP Macroeconomics, AP Music Theory, AP Physics 1, AP Physics C: Mechanics, AP Psychology, AP Spanish Language and Culture, AP Statistics, AP US Government and Politics, AP US History, AP World History
특별활동	Arts: 3D Design and Fabrication, Animation, Band, Ceramics, Chorus, Computer Art, Digital Imaging, Fashion Textile Design, Graphic Design, Painting and Drawing, Photography Activities: Ambassadors Club, Art Club, Arts Magazine, Community Service, Diversity Club, Environmental, Fitness, Graphic Design, Habitat for Humanity, Jazz Ensemble, Math Competition, Mock Trial, Model United Nations, Neuroscience, Newspaper, Photography, Ping Pong, Robotics, Student Council, TV Production, Theater, Yearbook
스포츠	Boys: Cross Country, Football, Golf, Soccer, Basketball, Ice Hockey, Indoor Track and Field, Skiing, Swimming, Wrestling, Baseball, Lacrosse, Tennis, Track and Field Girls: Cheerleading, Cross Country, Field Hockey, Golf, Soccer, Volleyball, Basketball, Cheerleading, Ice Hockey, Indoor Track and Field, Skiing, Swimming, Lacrosse, Softball, Tennis, Track and Field
대학 진학 결과	Berklee College of Music, Boston College, Boston University, Brown University, Butler University, Colby College, College of William and Mary, Cornell University, Dartmouth College, Duke University, Harvard University, Loyola Marymount University, New York University, Tufts University, University of North Carolina, University of Notre Dame, University of Pennsylvania, Villanova University, Wellesley College and more

스쿨 피드백 SCHOOL FEEDBACK

Hopkinton High School은 매사추세츠주에서 10번째로 좋은 학교로 선정된 지역 명문 공립학교다. 미국 SAT 평균도 1,230점으로 매우 우수하며, 학생들은 많은 AP 클래스와 다양한 교육 커리큘럼을 제공받으며 미국 명문대학을 꿈꾸고 있다. 학교에서 STEM 교육 과정에 대해 더욱 강조하고 있으며 학교 Robotics Team 활동이 매우 활발하다.

Tacoma Public Schools, WA(타코마 공립학교, 워싱턴주)

학교소개 INTRODUCTION

홈페이지	https://www.tacomaschools.org/		
주소	601 South 8th Street Tacoma WA 98405		
설립연도	1906	종류	남녀공학, 공립학교
종교	없음	교사/학생	1:20
학년	9~12	전교생 수	1,700+
ESL	Y	유니폼	N
지원자격	TOEFL 50+/ELTiS 215+ 점수/최근 3년 내신 성적/Interview		

미국 교환학생 성공 가이드

과외활동 ACTIVITY

Ap & Honors	AP Art History, AP Biology, AP Calculus AB, AP Calculus BC, AP Chemistry, AP English Language and Composition, AP English Literature and Composition, AP Environmental Science, AP European History, AP French Language and Culture, AP Physics 1, AP Psychology, AP Spanish Language and Culture, AP Statistics, AP US Government and Politics, AP US History, AP World History
특별활동	Arts: Band, Ceramics, Choir, Dance, Drawing, Glass, Orchestra, Painting, Photography, Printmaking, Theater Activities: Amnesty International, Anime Club, Chess Club, Fish Club, French Club, Future Business Leaders of America, German Club, Habitat for Humanity, Junior Statesmen of America, Key Club, Knowledge Bowl, Math Team, Mock Trial, National Honors Society, Russian Club, Safe Streets, Spanish Club, Student Council, TV Production
스포츠	Boys: Cross Country, Football, Golf, Tennis, Basketball, Bowling, Swimming and Diving, Wrestling, Baseball, Golf, Soccer, Track and Field, Water Polo Athletics Girls: Cheerleading, Cross Country, Golf, Swimming and Diving, Soccer, Volleyball, Basketball, Bowling, Wrestling, Softball, Tennis, Track and Field
대학 진학 결과	University of California, California State University, University of Washington, Washington University in St. Louis, Western Washington University, Whitman University, Yale University, Evergreen State College, Hard University, Occidental College, Pacific State University and more

스쿨 피드백 SCHOOL FEEDBACK

Tacoma High School은 워싱턴주 대표도시 시애틀에서 40분 정도 거리에 있으며 워싱턴주에서도 세 번째로 큰 우수한 학군이다. 다양한 AP 클래스 외에도 IB(International Baccalaureate) 과정도 제공하고 있어 학업적으로 우수한 과정 서포트를 받고 싶은 학생들에게 적극 추천한다. 학군 내 모든 공립학교 수준이 높으며 국제학생들에게 1년 동안 비자를 주어 문화 교류를 할 수 있도록 한다.

Alameda High School, CA(알라메다 공립고등학교, 캘리포니아주)

학교소개 INTRODUCTION

홈페이지	https://ahs.alamedaunified.org/		
주소	2200 Central Ave, Alameda, CA 94501		
설립연도	1874	종류	남녀공학, 공립학교
종교	없음	교사/학생	1:22
학년	9~12	전교생 수	1,763+
ESL	Y	유니폼	N
지원자격	Minimum ELTiS 215/최근 3년 내신 성적/Interview		

과외활동 ACTIVITY

Ap & Honors	Biology, Calculus AB, Calculus BC, Chemistry, Computer Science, Economics, English Language and Composition, English Literature and Composition, Environmental Science, European History, French Language and Culture, Spanish Language and Culture, Statistics, Studio Art: 2D Design, Studio Art: 3D Design, US Government and Politics, US History, World History
특별활동	Arts: Cable Television/Media Operations, Concert Band, Contemporary Ensemble, Dance, Drama, Guitar Beginner, Jazz Band, Multimedia Art, Multimedia Art Advanced, Symphonic Band, Theater Technology, Visual Activities: Dance Groups, Interact Club, JROTC, Music Ensembles, National Honors Society, Red Cross Club
스포츠	Boys: Football, Cross Country, Water Pol, Basketball, Soccer, Badminton, Baseball, Golf, Swimming, Tennis, Track and Field, Volleyball Girls: Cheerleading, Cross Country, Golf, Tennis, Volleyball, Water Polo, Basketball, Soccer, Badminton, Softball, Swimming, Track and Field
대학 진학 결과	Berklee College of Music, California State University, Emerson University, Fashion Institute of Design and Merchandise, Massachusetts Institute of Technology (MIT), Morehouse College, New York University, Princeton University, Spelman College, Stanford University, US Military Academies, University of California, University of Chicago and more

스쿨 피드백 SCHOOL FEEDBACK

Alameda High School은 캘리포니아주 샌프란시스코 베이 건너편에 위치한 오클랜드에 인접한 섬에 위치해 있다. 미국에서 매우 부유하고 인종적으로도 다양하며, 혁신 기술과 정치적으로 매우 진보적인 분위기의 젊고 자연 친화적인 아름다운 지역에 위치한 교육 학군이다. US News와 World Report에서 Top 스쿨로 인정을 받았다. 공립 교환학생을 11학년으로 경험했던 우수한 실력의 학생들 중 12학년인 1년간의 학업을 마치고 미국 고등학교 졸업장을 받고자 하는 학생에게 추천하며 학교가 국제학생 쿼터를 매우 제한하기 때문에 빠른 등록을 권장한다.

Mission Heights Preparatory Public high School, AZ
(미션헤이츠 프리퍼러토리 공립고등학교, 애리조나주)

학교소개 INTRODUCTION

홈페이지	https://www.mhprep.com		
주소	1376 E Cottonwood Ln. Casa Grande, AZ 85122		
설립연도	2011	종류	남녀공학, 공립학교
종교	없음	교사/학생	1:25
학년	9~12	전교생 수	440+
ESL	N	유니폼	N
지원자격	최근 3년 내신 성적/Interview/ELTiS 테스트 2150이상		

과외활동 ACTIVITY

Ap & Honors	Calculus AB, Calculus BC, US History, World History College Credit 제공
특별활동	Anime, Chess Club, International Club, Ping Pong, Student Council, Students Against Destructive Decisions, Travel Club, Video Game Club, Young Entrepreneurs Program
스포츠	Boys: Fall- Cheerleading, Cross Country, Flag Football Winter- Basketball, Cheerleading, E-Sports, Wrestling Spring- Baseball, Soccer, Track and Field Athletics Girls: Fall- Cheerleading, Cross Country, Volleyball Winter- Basketball, Cheerleading, E-Sports, Wrestling Spring- Cheerleading, Soccer, Softball, Track and Field
대학 진학 결과	Arizona State University, Brigham Young University, Dartmouth College, Drexel University, Emory University, Grand Canyon University, James Madison University, New York University, Northern Arizona University, Tufts University, University Of Arizona, University Of California, University of Maryland, University Of Virginia, University Of Wisconsin and more

스쿨 피드백 SCHOOL FEEDBACK

Mission Heights Preparatory High School은 Charter School로 미국의 우수한 공교육 시스템을 기반으로 지역 인재를 위한 특별 프로그램들이 있으며 애리조나주 공립고등학교 10%에 랭크되는 매우 우수한 공립고등학교로 전교생 대부분이 4년제 대학에 합격을 한다.

미국 교육재단을 통해 지원받고 있으며, 학생들이 조건을 갖춘다면 12학년을 받아 주며 졸업장도 발급해 주는 학교로 교환학생 이후 미국 고등학교 졸업장을 원하는 학생들에게 추천한다. 학업 실력이 우수한 학생들은 지역 대학과 파트너십을 맺어 학생들이 학교 재학 중에도 고등학교 졸업과 동시에 대학 학점을 미리 취득할 수 있는 프로그램도 제공하고 있다.

Mesa High School, AZ(메사 고등학교, 애리조나주)

학교소개 INTRODUCTION

홈페이지	https://www.mpsaz.org/schools/senior		
주소	1630 East Southern Avenue Mesa, Arizona 85204-5220		
설립연도	1909	종류	남녀공학, 공립학교
종교	없음	교사/학생	1:20
학년	9~12	전교생 수	2,100+
ESL	N	유니폼	N
지원자격	Minimum ELTiS 215/최근 3년 내신 성적/Interview		

과외활동 ACTIVITY

Ap & Honors	Art History, Biology, Calculus AB, Calculus BC, Chemistry, Chinese Language And Culture, Comparative Government and Politics, Computer Science A, English Language and Composition, English Literature and Composition, Environmental Science, European History, French Language and Culture, German Language and Culture, Human Geography, Macroeconomics, Microeconomics, Music Theory, Physics C, Physics 2, Psychology, Spanish Language and Culture, Spanish Literature And Culture, Studio Art, US Government and Politics, US History
특별활동	Arts: Acting, Art Design, Band, Ceramics, Chorus, Digital Illustration Studio, Drawing, Guitar, Jazz, Jewelry, Marching Band, Music Theory, Orchestra, Painting, Photography, Rock, Sculpture, Stained Glass, Theater, Video Journalism Activities: Anime Club, Art Club, Chess, Environmental, Fashion, Junior Statesmen of America, Model United Nations, National Honors Society, Spanish, Theater, Writing, Yearbook
스포츠	Boys: Badminton, Cross Country, Football, Soccer, Wrestling, Basketball, Swimming and Diving, Baseball, Tennis, Track and Field Golf Girls: Badminton, Cheerleading, Cross Country, Swimming and Diving, Basketball, Cheerleading, Softball, Tennis, Track and Field, Volleyball
대학 진학 결과	Arizona State University, Brown Mackie College, Collins College, DeVry University, Eastern Arizona College, Embry Riddle Aeronautical University, Everest College, International Baptist College, International Institute of the Americas, Northern Arizona University, Phoenix College, Pima Medical Institute, Prescott College, Remington College, Scottsdale Culinary Institute, The Art Institute of Tucson and more

스쿨 피드백 SCHOOL FEEDBACK

Mesa High School은 애리조나주의 수도인 피닉스에서 약 20마일 정도에 있으며 다양한 현대적 시설들과 문화적인 도시에 위치해 있다. US News와 World Report에서 Silver 메달을 받아 실력을 인정받았으며, 아름다운 캠퍼스에 새롭게 리모델링된 스포츠 경기장, 실내 운동시설, 과학실험실로 학생들은 쾌적한 환경에서 공부할 수 있다. Chinese, Spanish, Spanish for Spanish Speakers, French, German 등 다양한 언어영역을 서포트하고 있으며 생명공학과 STEM Diplomas 과정을 제공하며 AP 클래스뿐만 아니라 IB(International Baccalaureate) 과정도 제공하고 있다.

F1 사립교환 프로그램

(a) F1 사립교환 프로그램 소개

사립교환학생 프로그램은 미 국무부 교환학생 프로그램에서 파생되어 공립교환학생 프로그램의 장점을 좀 더 살리고 단점은 보완하여 만들어진 프로그램이다.

미국 교환학생 재단은 공립교환학생(J1)과 같은 지역 관리자 시스템을 이용하고 철저한 검증을 통한 안전한 홈스테이 가정을 학생과 매칭하여 배정한다. 사립학교도 국제학생을 받는 학비 보조 조건에 따라 다양한 선택권이 있고 매우 경제적인 유학이 가능하다는 장점 때문에 J1 공립교환학생에 참여했던 학생들이 선호하는 프로그램이다. 각 교환학생 재단마다 특별한 프로그램들을 운영하고 있으니 학생들은 자신의 다양한 니즈에 맞는 사립교환 프로그램을 선택하여 참여할 수 있다.

(b) F1 사립교환 프로그램 특징

① 학업 목적의 유학생 비자인 F1학생 비자로 학업 하므로 졸업장 취득이 가능하다.

공립교환학생 프로그램의 1년 체류 기간과 졸업을 보장할 수 없는 점 등을 보완하여 만들어진 사립교환학생 프로그램은 유학생들이 원하는 기간만큼 학업을 지속하며 미국 고등학교 졸업장을 취득할 수 있는 프로그램이다.

② 교환학생 프로그램을 운영하는 최우수 재단들이 운영 및 관리하는 안전한 프로그램이다.

매년 전 세계에서 5,000명 이상의 교환학생을 배정하는 미국 최우수 교환학생 재단에서 운영하며 각 지역의 학생 관리자 인프라와 사립학교 교장들 네트워크를 이용하여 미국 내 다양한 지역의 사립학교에서 안전하게 유학 생활을 지속할 수 있도록 한다.

③ 한국 학생이 거의 없는 지역에서 영어 실력을 빠르게 향상한다.

사립교환학생을 마친 선배들이 이구동성으로 한국인이 거의 없는 중·소도시에서 생활하기 때문에 100% 영어 노출 환경으로 최단기간 영어 실력이 향상되었다고 말한다. 국제학생에게 우호적인 학교 분위기와 재학생들의 도움으로 안정적인 고등학교 생활은 우수한 학업성적과 자신감을 갖게 한다.

④ 합리적 비용으로 미국 사립학교 유학이 가능하다.

미국 교육재단과 긴밀한 중·소도시 사립학교들이 다양한 글로벌 문화 교류를 위해 소수의 국제학생들에게 '교환학생 자격'으로 학비 혜택을 제공해 합리적인 유학이 가능하다.

i. CHOICE 1 사립교환 프로그램

(a) 프로그램 소개

이 프로그램은 미국 교환학생 재단의 지역 관리자들이 참가를 희망하는 학생들을 자원봉사 홈스테이 가정에 연결하여 그 가정 부근에서 다닐 수 있는 사립학교로 배정한다. 공립교환학생 프로그램처럼 학생이 지역이나 학교를 선정하지는 못하지만 홈스테이 비용을 제외하고 사립학교를 다니기 때문에 2만 달러 초반의 아주 저렴한 경비로 유학 생활을 지속적으로 할 수 있다는 장점이 있다. 만약, 학생이 원하는 스포츠 활동이나 특정 과목이 있는 사립학교를 원하는 경우에는 별도 추가비용을 부담하면 조건에 맞는 사립학교로 연결해 주기도 한다.

(b) 참가 자격

대상	14.5세~19세(중3~고3)
기간	매년 1월, 8월 학기/1년 이상 재학 가능
자격 요건	학교 내신 성적 평균 C 이상/ELTiS Test
체류 형태	재단 검증을 통과한 미국인 자원봉사자 홈스테이
비용	2만 달러 초반

※ 비용은 매년 미국의 물가상승에 따라 조금씩 변동이 있을 수 있음.

(c) 프로그램 특징

- 미국 교육재단이 엄선하여 자원봉사 홈스테이 가정과 사립학교 랜덤 배정
- 2만 달러 초반으로 미국 사립유학이 가능
- 크리스천 또는 카톨릭 등 종교계 사립학교로 배정
- 중소도시로 배정이 되어 국제학생 비율은 전교생의 약 1~3% 미만으로 구성
- 200~500명 규모의 지역 명문 남녀공학 사립학교
- 학교와 호스트 가정에 대해 만족하는 경우 연장하여 졸업까지 가능

(d) 배정학교 리스트 예시

이 프로그램은 매년 자원봉사자 가정의 상황에 따라 지역 및 학교가 변경되며 따라서, 학교 리스트는 계속 업데이트가 됨을 인지하여야 합니다.

Lake Michigan Catholic High School, MI(레이크 미시간 카톨릭 하이스쿨, 미시간주)

학교소개 INTRODUCTION

홈페이지	https://ollakers.org/high-school		
주소	915 Pleasant St, St Joseph, MI 49085		
설립연도	1969	종류	남녀공학, 사립학교
종교	카톨릭	교사/학생	1:11
학년	9~12	전교생 수	150+
ESL	N	유니폼	Y
지원자격	ELTiS 222+, GPA와 영어인터뷰로 입학 결정		

과외활동 ACTIVITY

Courses Offered	Math: Algebra, Geometry, Pre-Calculus, Statistics, Independent Math Science: Biology, Chemistry, Physics Social studies: World History, Intro to Psychology, Geography, Criminal Justice, Economics, US History, Theology English: Creative Writing, American Literature Language: Spanish Electives: Yearbook, Anatomy & Physiology, Psychology, Online Courses, Journalism, Co-op
특별활동	Arts: Fine Arts, Band, Art Activities: Mentor Program, Debate Team, Drama Club, Environmental Club, Robotics, Key Club, Music, Honors Society, Ski Club, Equestrian Team and more
스포츠	Football, Volleyball, Cheerleading, Cross Country, Soccer, Basketball, Baseball, Softball, Soccer, Track and Field, Tennis, Swimming, Hockey and more
대학입학 결과	Penn State, University of Michigan, Central Michigan University, Michigan State, Stony Brook University, SMU, Toledo University and more

스쿨 피드백 SCHOOL FEEDBACK

Lake Michigan Catholic High School은 미시간주 St. Joseph 지역에 1969년에 설립된 전통 카톨릭 고등학교다. 아름다운 호수가 가까이 있어 미시간 지역의 휴양지로 알려진 세인트 조셉 지역은 조용하고 아름다운 미국의 전통문화를 경험할 수 있는 지역이다. 약 150여 명의 소수 학생들이 학교의 좋은 교육 시스템에서 적극적인 서포트와 세심한 배려를 받으며 안정적인 학업 환경에서 원하는 공부를 하고 있다. 전형적인 미국 중산층 지역의 장점으로 국제학생들은 안전한 자원봉사 가정에서 생활하며 미국의 전통문화와 우수한 사립학교 교육을 모두 체험할 수 있는 좋은 기회이다. 학교는 대학 진학을 위해 다양한 STEM 과목과 Arts 프로그램을 제공하며, 특히 국제학생에 대한 배려가 매우 높은 학교로 명문대학 진학에 대한 서포트를 받을 수 있다.

Manitowoc Lutheran High School, WI(매니토윅 루터란 하이스쿨, 위스콘신주)

학교소개 INTRODUCTION

홈페이지	https://www.mlhslancers.org/		
주소	4045 Lancer Cir, Manitowoc, WI 54220		
설립연도	1956	종류	남녀공학, 사립학교
종교	크리스천	교사/학생	1:9
학년	9~12	전교생 수	220+
ESL	N	유니폼	N
지원자격	ELTiS 222+, GPA와 영어인터뷰로 입학 결정		

과외활동 ACTIVITY

Courses Offered	Math: Algebra, Personal Finance, Statistics, Geometry, General Math, Honors, AP Calculus AB Science: Fitness Leadership and Exercise, Health, Environmental Science, Biology, Earth Science, Physics, Honors and AP available Social studies: World History, Intro to Psychology, Geography, Criminal Justice, Economics, US History, Theology, AP U.S Government and Politics English: ESL, Creative Writing, American Literature, AP English Language and Composition, AP U.S. History Language: Spanish, Latin, German, American Sign Language Electives: Intro to Business, Computer Science, Computer Graphics, Game Programming, Engineering, Digital Media, Biomedical Science, Computer Programming
특별활동	Arts: Band, Choice, Music, Drawing/Painting, Mixed Media, Digital Photography Activities: Forensics, Honors Society, Culture Club, Drama, Chorus, Band and more
스포츠	Basketball, Softball, Track and Field, Baseball, Football, Volleyball, Wrestling, Dance and more
대학입학 결과	MIT(Massachusetts Institute of Technology), Boston College, Boston University, Brandeis University, Clark University, Tufts University, American International College, Amherst College, Assumption College, College of the Holy Cross, Conway School of Landscape Design, Elms College, Merrimack College, Newbury College, Smith College, Stonehill College, University of Massachusetts, Williams College and more

스쿨 피드백 SCHOOL FEEDBACK

Manitowoc Lutheran High School은 위스콘신 매니토웍 지역에 위치한 루터교 크리스천 고등학교다. 9학년부터 12학년까지 약 220여 명의 고등학생들이 재학 중이다. 미국 대학진학 준비를 시키는 학교로 교사 대 학생 비율이 1:9로 현저히 낮아 학생들은 교사들의 세심한 배려를 받으며 안정적인 학업 환경에서 성장하고 있다.

Bergan Catholic High School, NE(버겐카톨릭 고등학교, 네브래스카주)

학교소개 INTRODUCTION

홈페이지	https://www.berganknights.org/		
주소	545 E 4th St, Fremont, NE 68025		
설립연도	1912	종류	남녀공학, 사립학교
종교	카톨릭	교사/학생	1:14
학년	9~12	전교생 수	180+
ESL	N	유니폼	Y
지원자격	ELTiS 222+, GPA와 영어인터뷰로 입학 결정		

과외활동 ACTIVITY

Courses Offered	Math: Algebra, Personal Finance, Statistics, Geometry, General Math, Honors and AP available Science: Health, Environmental Science, Biology, Earth Science, Physics, STEM, Anatomy & Physiology Social studies: Geography, World History, American History, American Government, Economics, International Affairs, Psychology, Sociology English: English, College English, Speech, Creative Writing, Language Arts Language: Spanish Electives: Intro to Business, Personal Finance, AutoCAD, Computer Applications, Accounting, Business Law, Entrepreneurship, Desktop Publishing
특별활동	Arts: Art, Graphic Arts, Ceramics, Drawing, Painting, Sculpture, Vocal Music, Instrumental Music Activities: Forensics, Honors Society, culture Club, Drama, Chorus, Band, Campus Ministry, Dance Team, School Musical, Speech, Yearbook, One Act Play and more
스포츠	Football, Basketball, Wrestling, Baseball, Softball, Track and Field, Golf, Volleyball, Dance, Cheerleading, Cross Country, Tennis, Swimming, Soccer and more
대학입학 결과	University of Minnesota Twin Cities, University of Nebraska Lincoln, University of Nebraska Omaha, Northeast Community College, University of Minnesota-Mankato, University of Kansas, Midland University, Wayne State College, Northwest Missouri State University and more

스쿨 피드백 SCHOOL FEEDBACK

Bergan Catholic High School은 네브래스카주 아름다운 도시 Fremont 지역에 위치한 남녀공학 전통 카톨릭 사립 고등학교다. 소수의 국제학생을 유치하여 네브래스카 지역에 다양한 문화를 현지 학생들과 교류하도록 도와주며 글로벌 인재로 성장할 수 있도록 한다. 한국 학생들에게는 익숙지 않는 지역이지만 대도시의 번잡함에서 벗어나 안전한 자원봉사 가성에서 생활하며 미국의 전통 문화와 우수한 카톨릭 교육을 모두 체험할 수 있는 좋은 기회이다.

Winnebago Lutheran Academy, WI(윈네바고 루터란 아카데미, 위스콘신주)

학교소개 INTRODUCTION

홈페이지	https://wlavikings.org/		
주소	475 E Merrill Ave, Fond du Lac, WI 54935		
설립연도	1926	종류	남녀공학, 사립학교
종교	크리스천	교사/학생	1:12
학년	9~12	전교생 수	300+
ESL	N	유니폼	N
지원자격	ELTiS 222+, GPA와 영어인터뷰로 입학 결정		

과외활동 ACTIVITY

Courses Offered	Math: Algebra, Personal Finance, Statistics, Geometry, General Math, Honors and AP available Science: Health, Environmental Science, Biology, Earth Science, Physics, Anatomy & Physiology Social studies: Geography, American History, Sociology, American Government, Economics, International Affairs, Psychology, World History English: English, College English, Speech, Creative Writing, Language Arts, Videography Language: Spanish and German Electives: Graphic Design, Foods, Mechanical, Drafting and Design, Woodworking
특별활동	Arts: Art, Ceramics, Drawing, Painting, Sculpture, Vocal Music, Guitar Instrumental Music, Printmaking Activities: Forensics, Intramurals, Math Team, Student Council, Theatre, Yearbook, Traveling Choir and more
스포츠	Basketball, Softball, Track and Field, Baseball, Football, Volleyball, Wrestling, Dance and more
대학입시 결과	University of Wisconsin_Madison, University of Minnesota_Twin Cities, Milwaukee School of Engineering, University of Wisconsin_La Crosse, Martin Luther College, Wisconsin Lutheran College, Concordia University_Wisconsin, University of Wisconsin_Oshkosh, Carroll University, University of Wisconsin_Milwaukee and more

스쿨 피드백 SCHOOL FEEDBACK

Winnebago Lutheran Academy는 위스콘신주 밀워키 도시에서 루터교 고등학교 중 두 번째로 역사가 깊은 학교다. 9학년부터 12학년까지 약 300여 명의 고등학생이 재학 중이며 미국 대학 진학 준비를 하고 있다. 교사 대 학생 비율이 1:12로 낮아 학생들은 세심한 배려를 받으며 안정적인 학업 환경에서 성장하고 있다. 전형적인 미국 중산층 지역에서 국제학생들은 안전한 자원봉사 가정에서 생활하며 미국의 전통문화와 우수한 크리스천 교육을 모두 체험할 수 있는 좋은 기회이다.

Coosa Christian Schools, AL(쿠사 크리스천 스쿨, 앨라배마주)

학교소개 INTRODUCTION

홈페이지	https://www.coosachristian.com/		
주소	2736 Wills Creek Road Gadsden, AL 35904		
설립연도	1972	종류	남녀공학, 사립학교
종교	크리스천	교사/학생	1:15
학년	k~12	전교생 수	310+
ESL	N	유니폼	N
지원자격	ELTiS 222+, GPA와 영어인터뷰로 입학 결정		

과외활동 ACTIVITY

Courses Offered	Math: Algebra, Statistics, Geometry, General Math, Honors and AP available Science: Chemistry, Environmental Science, Biology, Earth Science, Physics, Honors and AP available Social studies: World History, Geography, Criminal Justice, Economics, US History English: Creative Writing, American Literature, Grammar Language: Spanish Electives: Variety of elective to choose from
특별활동	Arts: Music, Drawing, Painting Activities: Forensics, Honors Society, culture Club, Drama, Chorus, Band and more
스포츠	Girls Basketball, Boys Basketball, Football, Softball, Volleyball, Track and Field, Baseball, Bowling, Cheerleading and more
대학입시 결과	Alabama State University, Auburn University, Boston College, Community College of the Air Force, Cumberland School of Law, Duke University, Florida State University, Lee University, Liberty University, McWhorter School of Pharmacy, Mississippi State University, Samford University, Tennessee State University, Tennessee Temple University, Troy University, United States Military Academy at West Point, University of Alabama, University of Alabama-Birmingham (UAB), University of Alabama-Huntsville (UAH), University of Mobile, University of South Alabama, University of Virginia School of Law and more

스쿨 피드백 SCHOOL FEEDBACK

Coosa Christian Schools은 유치원부터 12학년까지 있는 크리스천 사립학교다. 앨라배마 쿠사리버의 이름을 따서 학교명을 명명했으며, 50년 동안 게스덴 지역에서 교육의 중심지가 되고 있다. 넓은 학교 캠퍼스는 500~600명의 학생을 수용할 정도의 규모를 자랑한다. 한국 학생들에게는 익숙하지 않은 지역이지만 대도시의 번잡함에서 벗어나 자원봉사 가정에서 생활하며 미국의 전통문화와 우수한 크리스천 교육을 모두 체험할 수 있는 좋은 기회이다.

ii. CHOICE 2 사립교환 프로그램

(a) 프로그램 소개

공립교환학생과 CHOICE 1 사립교환학생 프로그램에서 학생이 원하는 학교를 선정할 수 없는 제한적인 요소를 보완한 저렴한 사립유학 프로그램이다. 지역 및 학교를 선택할 수 있으며 지원 시 입학 보장과 12학년으로 진학할 경우 졸업장을 취득할 수 있다. 1년 이상 지속적으로 유학이 가능하기 때문에 자신의 적성에 맞는 교육 커리큘럼과 학교 액티비티가 필요한 학생이 선택하는 프로그램 중의 하나다. 미국 교육 재단이 중·소도시 사립학교들과 제휴하여 2만 달러 중반 금액으로 사립학교 학비와 소액의 홈스테이 비용을 지불하여 지속적으로 학업 할 수 있도록 하는 합리적인 사립유학 프로그램이다.

(b) 참가 자격

대상	14세~19세(중2~고3)
기간	매년 1월, 8월 학기/1년 이상 재학 가능
자격 요건	학교 내신 성적 평균 C 이상/ELTiS Test 결과
체류 형태	재단 검증을 통과한 유료 미국인 홈스테이
비용	2만 달러 중반

※ 비용은 매년 미국의 물가상승에 따라 조금씩 변동이 있을 수 있음.

(c) 프로그램 특징

- 본인에게 맞는 사립 학교 선택이 가능하며, 유료 홈스테이 가정 생활
- 학교별로 소수의 국제학생에게 적용되는 장학 혜택으로 참가
- 2만 달러 중반 비용으로 미국 재단에서 제공하는 사립학교 List에서 학교 선택 가능
- 크리스천 또는 카톨릭 등 종교계 사립학교 중 선택
- 중·소도시의 사립학교로 국제학생 비율은 전교생의 약 1~3% 미만으로 구성
- 200~500명 규모의 지역 명문 남녀공학 사립학교
- 학교와 호스트 가정에 대해 만족하는 경우 연장하여 졸업까지 가능

(d) CHOICE 2 학교 리스트 예시

이 프로그램의 경우 사립학교에서 국제학생 입학에 대한 특별한 배려 조건이 적용된 프로그램이다. 학교의 재정상황 및 국제학생에 대한 인식 변화로 배려 조건을 철회하는 경우가 있을 수 있어 지원하기 전에 원하는 조건이 지속되는지 사전 확인이 필요하다. 다음 학교 리스트는 최근 배정된 예시이며 변동이 있을 수 있으므로 참고하길 바란다.

Bishop Heelan Catholic High School, IA(비숍 힐런 카톨릭 고등학교, 아이오와주)

학교소개 INTRODUCTION

홈페이지	https://www.bishopheelan.org/		
주소	1231 Grandview Blvd, Sioux City, IA 51103		
설립연도	1949	종류	남녀공학, 사립학교
종교	카톨릭	교사/학생	1:13
학년	9~12	전교생 수	522+
ESL	Y	유니폼	Y
지원자격	TOEFL 94+/ELTiS 215+, GPA와 영어인터뷰로 입학 결정		

과외활동 ACTIVITY

Ap & Honors	AP Biology, AP Calculus, AP Computer Science Principles, AP English, Spanish Language and Culture, AP US Government and Politics, AP US History and more
특별활동	Arts: Beginner and Advanced Art, Band, Bel Canto, Chorale, Digital Art and Design, Music Theory, Theater, Video and Digital Imaging Activities: Cinema Club, Coding Club, Comic Club, Dance Team, Intramural Sports, Mayor's Youth Commission, Miracle Makers, National Honors Society, Quiz Bowl, Speech Club, Student Council, Teen Court, Weightlifting, Yearbook Club
스포츠	Boys: Football, Golf, Cross Country Running, Basketball, Wrestling, Baseball, Soccer, Tennis, Track Athletics Girls: Cheerleading, Cross Country Running, Dance, Volleyball, Basketball, Cheerleading, Dance, Cheerleading, Dance, Golf, Soccer, Tennis, Track
대학 진학 결과	Arizona State University, Berklee College of Music, Columbia University, Concordia University, Cornell University, Creighton University, Dartmouth College, Embry Riddle Aeronautical University, DePaul University, Drake University, Emory, University, Fordham University, Harvard University, Iowa State University, Loyola University, of Chicago, Marquette University, Midland University, Northwestern University, Purdue, University, Rice University, Simpson College, St. John's University, St. Thomas University, Texas Christian University, United States Navel Academy, United, States Military Academy-West Point Academy, University of Chicago, University of Colorado and more

스쿨 피드백 SCHOOL FEEDBACK

Bishop Heelan Catholic High School은 아이오와주 Sioux 도시에 위치하며 1949년에 설립된 전통 카톨릭 고등학교다. Sioux City는 많은 페스티벌과 스포츠팀, 문화센터들이 있는 도시로 살기 좋은 도시 1위에 랭크되기도 한다. 힐런 카톨릭은 아이오와주 카톨릭 학교 중 2위로 학업적으로 우수한 커리큘럼을 보유하고 있으며 국제학생들에게 다양한 클럽 활동을 서포트해 주는 학교다. 2019년도 엔 실내체육관, 도서관, 미디어센터 건물을 신축하여 쾌적한 캠퍼스 생활을 누릴 수 있다. 힐런 카톨릭 고등학교는 특히 음악과 댄스 프로그램들이 다양하여 지역 챔피언을 할 정도로 활발한 팀이 운영 되고 있다. 학업 능력도 뛰어나면서 예체능 활동에 관심이 있는 학생들에게 적극 추천한다.

Mater Dei Catholic High School, IL(메터데이 카톨릭 하이스쿨, 일리노이주)

학교소개 INTRODUCTION

홈페이지	https://www.materdeiknights.org/		
주소	900 Mater Dei Dr, Breese, IL 62230		
설립연도	1954	종류	남녀공학, 사립학교
종교	카톨릭	교사/학생	1:13
학년	9~12	전교생 수	415+
ESL	N	유니폼	Y
지원자격	Duolingo 65+, ELTiS 215+점수, GPA와 영어인터뷰로 입학 결정		

과외활동 ACTIVITY

College Credit & Honors	AP American History, English I Honors, English II Honors, Composition Honors, American Lit Honors, Algebra 1 Honors, Geometry Honors, Algebra 2 Honors, Algebra 2 & Trig Honors, Physical Science Honors, Chemistry Honors, Biology Honors, Physics Honors/College Credit
특별활동	Arts: Art, Band, Chorus, Color Guard, Concert Band, Drumline, Jazz Band, Marching Band, Musical, Photography, Wind Ensemble Activities: Academic Challenge in Science and Engineering (ACES) Team, Art and Photography Club, Bass Fishing, Book Club, Chess Club, Color Guard, Future Business Leaders of America (FBLA), National Honors Society, Newspaper, Peer Tutors, Pep Club, Scholar Bowl, Science Club, Spanish Club, Student Ambassadors, Student Council, Yearbook
스포츠	Boys: Cross Country Running, Football, Golf, Soccer, Basketball, Bowling, Baseball, Track and Field Girls: Cheerleading, Cross Country Running, Golf, Volleyball, Basketball, Bowling, Softball, Soccer, Track and Field
대학 진학 결과	Bellarmine University, Benedictine College, Eastern Illinois University, Greenville College, Indiana State University, Missouri State University, Missouri University of Science & Technology, Southern Illinois University Edwardsville, University of Alabama, University of Arkansas, University of Missouri, University of Southern Indiana and more

스쿨 피드백 SCHOOL FEEDBACK

Mater Dei Catholic High School은 1954년에 설립된 남녀공학 카톨릭 고등학교로 청소년들이 영적, 도덕적으로 사회에서 인정받는 인재로 성장하도록 돕는 학교다. 메터데이 카톨릭 학교는 학생들에게 다양한 커리큘럼과 특별활동들을 운영하면서 즐겁고 행복한 학교 활동을 할 수 있도록 서포트하고 있다. STEM 분야뿐만 아니라 다양한 아트 커리큘럼을 보유하고 있어 예체능에 관심 있는 학생들에게 추천한다.

Liberty Christian School, IN(리버티 크리스천 스쿨, 인디애나주)

학교소개 INTRODUCTION

홈페이지	https://libertyonline.org/		
주소	2023 Columbus Ave, Anderson, IN 46016		
설립연도	1970	종류	남녀공학, 사립학교
종교	크리스천	교사/학생	1:13
학년	K~12	전교생 수	607+
ESL	N	유니폼	N
지원자격	ELTiS 217+점수, GPA와 영어인터뷰로 입학 결정		

과외활동 ACTIVITY

Dual Credit & Honors	American Sign, Spanish Honors: Spanish, American History, English, Algebra, Calculus, Biology/Dual Credit
특별활동	Arts: 3D Art, Art History, Band, Choir, Computer Art, Creative Arts, Appreciation, Vocal Ensemble, Digital Photography, Drawing, Music, Yearbook Activities: Archery, Art, Cheerleading, Choir, Creative Writing, Drama, Reading, Science, Spanish, Chess
스포츠	Boys: Cross Country, Soccer, Basketball, Swimming, Baseball, Golf, Track and Field Girls: Cheerleading, Cross Country, Soccer, Volleyball, Basketball, Cheerleading, Swimming, Softball, Track& Field
대학 진학 결과	Val Paraiso University, Anderson University, Indiana Wesleyan, Olivet Nazarene, University, Ball State University, Lipscomb University, Purdue University, Huntington University, International Business College, Art Institute of Chicago, Trinity Christian College, Indiana University-Bloomington, Taylor University, Cedarville University, Manchester University, Butler University, Florida, Gulf Coast University, University of Buffalo and more

스쿨 피드백 SCHOOL FEEDBACK

Liberty Christian School은 유치원부터 12학년까지 제공되는 크리스천 사립학교다. 이 학교는 1970년 가을에 오픈하여 1976년에 첫 졸업생을 배출했다. 인디애나주의 주도인 인디애나 폴리스로부터 23마일 거리에 있고 시카고로부터 30분 거리인 Anderson 지역에 위치해 있다. 이 도시는 미국 중서부의 심장에 위치하며 4계절을 즐길 수 있는 안전하고 아름다운 도시다. Anderson은 56,000명의 인구가 있으며 근처에 사립 교양대학인 Anderson University가 있다. 국제학생 비율이 낮아 처음 유학을 가는 학생들은 미국의 전형적인 중소도시의 매력을 느끼며 편안하게 학업을 할 수 있는 곳이다.

Nativity BVM High School, PA(내티비티 비브이엠 하이스쿨, 펜실베이니아주)

학교소개 INTRODUCTION

홈페이지	https://www.nativitybvm.net/		
주소	1 Lawtons Hill, Pottsville, PA 17901		
설립연도	1955	종류	남녀공학, 사립학교
종교	카톨릭	교사/학생	1:12
학년	9~12	전교생 수	199+
ESL	N	유니폼	Y
지원자격	Duolingo 65+, ELTiS 215+점수, GPA와 영어인터뷰로 입학 결정		

과외활동 ACTIVITY

College Credit & Dual credit	AP Biology, AP Calculus, AP US History, AP English Language and Composition, AP English Literature and Composition Dual credit program with Alvernia University and Penn State University
특별활동	Arts: Music Appreciation, Art, Music Theory Activities: Academic Team, Interact, Band, Drama, French, Math Team, Music, National Honors Society, Newspaper, Ski, Peer Ministry, Science, Service, Spanish, Student Ambassadors, Campus Ministry, Theater, Student Government, Stage Crew, Yearbook
스포츠	Boys: Cross Country, Football, Soccer, Basketball, Swimming, Wrestling, Baseball, Track and Field Girls: Golf, Soccer, Volleyball, Cheerleading, Cross Country, Basketball, Cheerleading, Swimming, Softball, Track and Field
대학 진학 결과	University of Pittsburgh, University of Pennsylvania, St. Vincent College, Penn State University Park, University of Scranton, Ohio State University, Syracuse University, University of Pittsburgh, Wilkes University, Hofstra University, Temple University, Stoney Brook University, Duquesne University, Villanova University, Elizabethtown College, Drexel University, St. Joseph University, York College, Bloomsburg University, St. Leo University, West Virginia University, James Madison University, Albright College, Pennsylvania College of Technology, Arizona State University, York College and more

스쿨 피드백 SCHOOL FEEDBACK

Nativity BVM High School은 Allentown 카톨릭 교구 소속 대학 진학 준비 사립 고등학교이며, 학생들은 대부분 Schuylkill 카운티에 거주한다. 이 지역은 주로 다양한 민족을 배경으로 하는 중류층 가정들이 많이 거주하는 곳으로 학생들의 약 85~90% 정도가 카톨릭이지만 종교적 배경이 없다고 해도 대학지원을 위한 서포트를 받기 위해 인기있는 학교다. 학교는 AP 클래스는 많지 않지만 펜실베이니아 주립대와 알베르니아 대학의 온라인 수업을 통해 College Credit을 미리 이수할 수 있어 고등학생 때 전공에 대한 확실한 계획을 세운다면 대학지원 및 진학 후 조기졸업 기회까지 얻을 수 있는 장점이 있다.

Gibault Catholic High School, IL(기볼트 카톨릭 하이스쿨, 일리노이주)

학교소개 INTRODUCTION

홈페이지	https://www.gibaulthawks.org/		
주소	501 Columbia Ave, Waterloo, IL 62298		
설립연도	1966	종류	남녀공학, 사립학교
종교	카톨릭	교사/학생	1:8
학년	9~12	전교생 수	230+
ESL	N	유니폼	Y
지원자격	Duolingo 75+, ELTiS 215+점수, GPA와 영어인터뷰로 입학 결정		

과외활동 ACTIVITY

Foreign Languages & College Credit	Chinese (online), French (online), German (online), Latin (online), Spanish/45 hours of College Credit
특별활동	Arts: Advanced Art, Advanced Digitals Arts, Ceramics, Chorus, Concert Band, Digital Arts, Drawing, Improvisation, Jazz Band, Liturgical Choir, Photography Activities: Academic Challenge, Ambassadors Club, Critique Club, Dance Team, Environment Club, Fellowship of Christian Athletes, Future Farmers of America, Gaming Club, International Club, Math Team, Model United Nations, Music, National Honors Society, Saturday Scholars, Scholar Bowl, Student Activities, Student Council, Visual Arts, Yearbook, Young Women Professionals Club
스포츠	Boys: Cross Country, Football, Soccer, Basketball, Bowling, Baseball, Tennis, Track and Field, Volleyball Athletics Girls: Cross-Country, Golf, Tennis, Volleyball, Basketball, Bowling, Cheerleading, Soccer, Softball, Track and Field
대학 진학 결과	Butler University, Case Western Reserve University, Columbia University, DePaul University, Drake University, Eastern Illinois University, Missouri University of Science and Technology, Murray State University, Northeastern University, Pennsylvania State University, Syracuse University, University of Alabama, University of Arizona, University of Colorado, University of Illinois at Urbana-Champaign, University of Iowa, University of Kansas, University of Kentucky, University of Missouri Columbia, University of Nebraska, University of Notre Dame, University of Texas, University of Wisconsin, Vanderbilt University, Washington University, Yale University and more

스쿨 피드백 SCHOOL FEEDBACK

Gibault Catholic High School은 일리노이주 워털루에 있는 사립 로마 가톨릭 고등학교로 1966년도에 오픈한 학교로 최근에 새롭게 리모델링한 캠퍼스 시설에 최신식 장비와 실험실 등을 이용하여 학생들은 데이터 분석과 더 많은 실습을 할 수 있는 학교다. 학교 스포츠 팀 중 축구와 야구팀은 주 타이틀을 여러 번 입상한 실력이 높은 학교라서 축구를 좋아하는 한국 학생들에게 인기가 있다. 또한 밴드부, 합창, 성가대, 재즈밴드 등 많은 아트 분야에서도 열정과 우수함을 인정받고 있다.

iii. CHOICE 3 사립교환 프로그램

(a) 프로그램 소개

미국 조기유학에 있어 자신의 실력과 비용에 대한 제한을 두지 않고 미국 전역의 많은 사립학교 리스트 중에서 학생이 원하는 지역 및 학교를 선택하여 지원하는 사립교환학생 프로그램이다. 미국의 교육 단체인 재단에서 프로그램을 운영하고 각 지역의 관리자를 통해 홈스테이 가정을 배정, 학생들의 유학 생활을 체계적으로 관리한다. 연간 비용은 최소 2만 달러 후반에서 최대 5만 달러 이상으로 선택의 폭이 다양하다. 학교를 홈스테이 가정에서 생활하는 Day School과 기숙사 생활을 하는 Boarding School 중 선택이 가능하다. 많은 학생들이 1년 이상 장기 유학을 계획하거나 졸업 후 명문 대학교 진학을 위해 체계적으로 준비하는 프로그램이다.

(b) 참가 자격

대상	13세~19세(중1~고3)
자격 요건	학교 내신 성적 평균 C 이상/Interview/ELTiS Test
체류 형태	재단 검증을 통과한 미국인 유료 홈스테이/학교 기숙사
비용	2만 달러후반~5만 달러 이상으로 다양

※ 비용은 매년 미국의 물가상승에 따라 조금씩 변동이 있을 수 있음.

(C) 프로그램 특징

- 학생이 원하는 조건(지역, 교육 커리큘럼, 액티비티 등)에 맞춰 자유롭게 학교 선정
- 홈스테이 가정 또는 기숙사 생활이 가능한 보딩스쿨도 선정이 가능
- 미국 재단의 안정적인 시스템 아래 호스트 배정 및 생활 관리 가능
- 미국 유학에 장기적인 계획을 가지고 있는 학생들이 선택하는 프로그램

(d) CHOICE 3 학교 리스트 예시

이 프로그램은 미국 전역에 있는 사립학교들이 해당되며 국제학생을 받기 위한 사립학교의 입학 조건과 체류 형태는 매우 다양하다. 학교에 대한 정보는 많은 학교 중 일부이므로 학생이 유학에 대한 목표가 뚜렷이 결정이 되었을 때 자신에게 가장 적합한 학교 선정을 전문가와 꼭 상의할 것을 권장한다.

[공립/사립교환학생 프로그램별 비교표]

구분	J1 공립교환학생	F1 공립교환학생	CHOICE 1 사립교환	CHOICE 2 사립교환	CHOICE 3 사립교환
참가 기간	1년만 가능	1년만 & 졸업 가능 (이후 사립 전학 가능)	1년 이상 졸업 가능	1년 이상 졸업 가능	1년 이상 졸업 가능
비자 종류	J1 문화 교류 비자	F1 학생 비자	F1 학생 비자	F1 학생 비자	F1 학생 비자
지원 연령	15세~18.5세	14.5세~19세	14.5세~19세	14세~19세	13세~19세
참가 학교	미국 공립학교	미국 공립학교	미국 사립학교	미국 공립/사립학교	미국 사립학교
숙박 형태	자원봉사자 홈스테이	유료 홈스테이	자원봉사자 홈스테이	유료 홈스테이	유료 홈스테이 및 기숙사
유학 경비	1만 달러대 초반	2~3만 달러대	2만 달러대 초반	2만 달러대 중반	2만 달러대 후반 ~다양

※ 학교에 따라 기타 비용(등록비, 교복비, 점심값, Technology Fee 등)이 추가될 수 있다.

Paul VI High School, NJ(폴 식스 하이스쿨, 뉴저지주)

학교소개 INTRODUCTION

홈페이지	https://www.pvihs.org/		
주소	901 Hopkins Road, Suite B, Haddonfield, NJ, 08033		
설립연도	1966	종류	남녀공학, 사립학교
종교	카톨릭	교사/학생	1:15
학년	9~12	전교생 수	1103+
ESL	N	유니폼	Y
지원자격	TOEFL 70+, ELTiS 215+, GPA와 영어인터뷰로 입학 결정		

과외활동 ACTIVITY

Ap & Honors	AP: Biology, Calculus AB & BC, Chemistry, Computer Science, English Language & Comp, English Literature & Comp, Environ-mental Science, European History, French, Government & Politics, Italian, Latin, Psychology, Physics, Spanish, Statistics, Studio Art, US History, World History
특별활동	Arts: Art Club, Concert Band, Chorus, Dance Team, Pep Band, School Play, Strictly Acoustlc, Stage Crew Activities: Mock Trial, Model United Nations, National History Club, National Honors Society, Sea Perch, French Clubs, French National Honors Society, International Culture Club, Italian Club, Italian National Honors Society, Spanish Club, Spanish National Electronic Competition Club, Friends of Rachel, Paw Pals, SADD, Student Health Advocate Club, Honors Society Ambassadors Club, Babe's Kids Club, Samaritan Club, Pro-life Group Student/Faculty Liturgical Committee, Student Council, Talon(School E-Newspaper), Aerie-Literary/Art Magazine, Shalom (Yearbook), Intramural Bowling, Intramural Volleyball, Homeroom Representatives
스포츠	Football, Field Hockey, Soccer, Tennis, Volleyball, Cross Country, Ice Hockey, Swimming Wrestling, Basketball, Baseball, Softball, Lacrosse, Golf, Track, Competition Cheerleading
대학 진학 결과	American University, Arizona State University, Boston University, University of California_ Berkeley, Drexel University, George Washington University, John Hopkins University, Lehigh University, University of Maryland, Michigan State University, New York University, Penn State University, University of Pennsylvania, University of Pittsburg, Perdue University, Virginia Tech and more

스쿨 피드백 SCHOOL FEEDBACK

Paul VI High School은 미 동부 뉴저지 주 중산층 백인이 거주하는 체리힐 인접지역에 위치한 전통 로마 카톨릭 사립 고등학교다. 종교적으로 신앙에 충실하면서 학문적으로 성공할 수 있도록 다양한 AP 및 Honors 클래스를 제공하여 학생들의 진로 적성에 맞는 대학 준비를 하는 학교다. 명문 대학인 Princeton과 University of Pennsylvania가 20~30분 거리에 있어 학생들은 학업 동기 부여를 받는 환경에 위치해 있다. 학업적 환경이 골고루 잘 갖춰진 학교다. 특히 학생들의 건강상태를 모니터링하고 파악하기 위한 별도 보건실을 갖춘 특별한 학교다.

Pope John Paul II High School, PA(포우프 존 폴 투 하이스쿨, 펜실베이니아주)

학교소개 INTRODUCTION

홈페이지	https://www.pjphs.org/		
주소	181 Rittenhouse Rd, Royersford, PA 19468		
설립연도	1866	종류	남녀공학, 사립학교
종교	카톨릭	교사/학생	1:21
학년	9~12	전교생 수	849+
ESL	Y	유니폼	Y
지원자격	TOEFL 94+, ELTiS 215+, GPA와 영어인터뷰로 입학 결정		

과외활동 ACTIVITY

Ap & Honors	AP: English Language, English Literature, U.S. History, Calculus AB, Calculus BC, Human Geography, Biology, Chemistry, Physics 1&2, Physics C, Macro Economics Honors: Theology, English Language Arts, World History, Modern American History, American Government and Politics, Algebra, Geometry, Pre_Calculus, Foundations in Math, Calculus, Statistics, iPad/IPhone App Programming, Freshmen Physics, Chemistry, Biology
특별활동	Arts: Beginnger and Advanced Art, Band, Bel Canto, Chorale, Digital Art and Design, Music Theory, Theater, Video and Digital Imaging Activities: Band, Brown Bag Club, Community Service Corps, Cornerstone, Yearbook, Cultural Awareness Club, Dance Team, Drama Club, Games/Ping Pong Club, Gardening Club, Intramural Sports, Liturgical Chorus/Music, Mathletes, National Honors Society, Peer Ministry, Photography Club, PJP TV, Quiz Bowl, Respect Life Club, Rhapsodies (Show Choir), Robotics Club, Student Ambassadors, Student Council
스포츠	Cross Country, Field Hockey, Football, Golf, Soccer, Tennis, Volleyball, Basketball, Bowling, Ice Hockey, Wrestling, Baseball, Softball, Track & Field
대학 진학 결과	American University, Baylor University, Boston University, University of Pennsylvania, Duke University, Duquesne University, Drexel University, Fordham University, Northeastern University, North Carolina State University, Penn State University, Purdue University, Rutgers University, Temple University, UCLA, UC Irvine, UC San Diego, University of Pennsylvania and more

스쿨 피드백 SCHOOL FEEDBACK

Pope John Paul II High School은 미 동부 펜실베이니아주 필라델피아 대교구 내 몽고메리 카운티 Royersford 근처에 있는 카톨릭 고등학교다. 총 29개의 강의실을 가지고 있는 상당한 규모의 시설을 갖춘 사립학교이며, 최첨단 기술을 갖춘 5개의 과학 실험실과 1,200석 규모의 대강당은 콘서트, 연극, 집회, 학교 미사 등 다양한 특별 행사를 주최할 수 있도록 한다. 피트니스 센터는 학생들에게 건강한 라이프스타일을 구축하고 유지할 수 있도록 현대적인 체육관 장비를 제공한다. 나양한 AP 클래스와 대학 진학을 위한 STEM 프로그램 및 Arts 프로그램들을 제공하여 학생들의 미래 교육에 대한 진로를 잡아갈 수 있도록 충분히 서포트하는 학교다.

Padua Franciscan High School, OH(파듀아 프란치스칸 하이스쿨, 오하이오주)

학교소개 INTRODUCTION

홈페이지	www.paduafranciscan.com		
주소	6740 State Road, Parma, OH 44134		
설립연도	1961	종류	남녀공학, 사립학교
종교	카톨릭	교사/학생	1:13
학년	9~12	전교생 수	800+
ESL	Y	유니폼	Y
지원자격	ELTiS 222+, GPA와 영어인터뷰로 입학 결정		

과외활동 ACTIVITY

Ap & Honors	AP: Calculus AB, Calculus BC, Statistics/Probability, Biology, Chemistry, Physics, U.S. Government & Politics, Sociology/Social Problems, Geography, Economics Honors: German I-V, Italian I-IV, Latin I-IV, Spanish I-V, Algebra I, Geometry, Algebra II/Trigonometry, Calculus, Biology, Chemistry, Physics, Adv. Science Seminar, World History, U.S. History, U.S. Government & Politics and more
특별활동	Drama, Mock Trial, National Honors Society, Quiz Team, Science Club, Robotics Challenge, Ski Club, Speech and Forensics Team, Student Council, Art Club, Chess Club, Key Club, French, German, Italian, Spanish, Junior Classical, Wilderness, Ambassador
스포츠	Cross Country, Football, Cheerleading, Golf, Soccer, Girls Tennis, Volleyball, Basketball, Bowling, Gymnastics, Ice Hockey, Ice Skating, Swimming, Wrestling, Baseball, Lacrosse, Softball, Boys Tennis, Track & Field
대학 진학 결과	Case Western Reserve University, University of Oregon, Oregon State University, University of Maryland, University of Cincinnati, Syracuse University, Bellevue University, Virginia Tech, Michigan State University, Rutgers University, University of Washington-Seattle, Stony Brook University, University of Buffalo, University of Pittsburgh, Miami University, Kent State University, University of Iowa, University of Minnesota, Ohio State University and more

스쿨 피드백 SCHOOL FEEDBACK

Padua Franciscan High School은 오하이오주 클리블랜드 근교 Parma 지역에 위치한 전통 로마 카톨릭 사립 고등학교다. 종교적으로 신앙에 충실하면서 학문적으로 성공할 수 있도록 다양한 아카데믹 커리큘럼을 제공하며 다수의 AP 및 Honors 클래스를 제공하여 학생들의 진로 적성에 맞는 대학 준비를 하는 학교다. 34acres 규모의 캠퍼스는 전체 무선 인터넷 망을 구축하여 전 강의실엔 프로젝션 시스템과 스마트보드가 장착되어 학생들은 모두 크롬북을 제공받아 강의 및 과제를 할 수 있도록 한다. 3개의 컴퓨터 및 그래픽아트 교육실과 신축한 체육관, 인조 잔디구장, 야구장 등 넓은 공간을 이용하는 다양한 스포츠 활동을 통해 학생들이 건강도 챙기며 교육을 받을 수 있도록 하여 전체 학생의 98% 졸업생이 4년제 대학에 진학하는 학업적으로도 매우 우수한 학교다.

Bishop Alemany High School, CA(비숍 알레마니 하이스쿨, 캘리포니아주)

학교소개 INTRODUCTION

홈페이지	https://www.alemany.org/		
주소	11111 N Alemany Dr, Mission Hills, CA 91345		
설립연도	1956	종류	남녀공학, 사립학교
종교	카톨릭	교사/학생	1:18
학년	9~12	전교생 수	1350+
ESL	Y	유니폼	Y
지원자격	TOEFL 70+, ELTiS 215+, GPA와 영어인터뷰로 입학 결정		

과외활동 ACTIVITY

Ap & Honors	AP: World History, U.S. History, Calculus AB, Calculus BC, U.S. Government, Macroeconomics, English Language, English Literature, Spanish Language, Spanish Literature, Chinese, Biology, Chemistry, Physics 1, Physics C, Art, Studio Art 2-D and more Honors: English 9, American Literature 10, English Literature 11, Algebra I, Geometry, Algebra II, Trig/Math Analysis, Chemistry and more
특별활동	Arts: Dance, Instrumental music, Schola Cantorum, Theatre, Visual Arts Activities: Academic Decathlon, Band and Orchestra, Intramurals Music, Drama Club, Lacrosse Club, Robotics, Anime Club, Ping-Pong Club, Pure Love Club, Speech and Debate Team, Hip Hop Club
스포츠	Football, Volleyball, Swimming, Wrestling, Soccer, Softball, Golf, Tennis, Basketball, Cross Country, Water Polo, Baseball, Track and Field, Cheer-leading
대학 진학 결과	Cornell University, Boston College, Brown University, Drexel University, Emory University, Harvard University, Johns Hopkins University, New York University, St. John's University, University of Dayton, University of Michigan, University of Maryland, University of California, Ohio State University, Fordham University, Indiana University, University of Oregon, Rice University and more

스쿨 피드백 SCHOOL FEEDBACK

Bishop Alemany High School은 캘리포니아주 LA 미션힐에 위치한 전통 로마 카톨릭 사립 고등학교다. 종교적으로 신앙에 충실하면서 학문적으로 성공할 수 있도록 다양한 AP 및 Honors 클래스를 제공하여 학생들의 진로 적성에 맞는 대학 준비를 시켜 주는 학교다.

캘리포니아는 일 년 내내 기온이 따뜻하고 온화한 날씨와 명문 대학인 스탠포드, 칼텍, UC 계열의 명문대학들과 한국에서 접근성도 좋아 한국 학생들이 매우 친숙해하며 선호하는 지역이다. 비숍 알레마니 고등학교는 AP와 Honors 수업만 들을 수 있는 우수한 인재들을 위한 AP 캡스톤이란 프로그램을 운영하여 학업 탐구 능력을 키워 미래 인재 양성에 힘쓰는 학교다. 스포츠, 아트, 학업 석인 부분에서 모두 뛰어난 학교로 명문대학을 체계적으로 준비할 목적으로 선택하는 학교다.

Boylan Catholic High School, IL(보일란 카톨릭 하이스쿨, 일리노이주)

학교소개 INTRODUCTION

홈페이지	www.boylan.org		
주소	4000 Saint Francis Drive, Rockford, IL 61103		
설립연도	1960	종류	남녀공학, 사립학교
종교	카톨릭	교사/학생	1:15
학년	9~12	전교생 수	956+
ESL	N	유니폼	Y
지원자격	ELTiS 232+, GPA와 영어인터뷰로 입학 결정		

과외활동 ACTIVITY

Ap & Honors	AP: World History, U.S. History, Calculus AB, Calculus BC, U.S. Government, Macro-economics, English Language, English Literature, Spanish Language, Spanish Literature, Chinese, Biology, Chemistry, Physics 1, Physics C, Art, Studio Art 2-D and more Honors: English 9, American Literature 10, English Literature 11, Algebra I, Geometry, Algebra II, Trig/Math Analysis, Chemistry and more
특별활동	Arts: Art History, Studio Art: Drawing, 2D Design, English Literature and Composition, English Language and Composition, Calculus, Statistics, Music Theory, Biology, Chemistry, Physics, European History, U.S. History, U.S. Government, Psychology, Microeconomics, Spanish Activities: Anime, Art, Bass Fishing, Book, Broadcasting, Chinese, Debate, French, German, Improv, Italian, Key, Martial Arts, Math, Mock Trial, Poetry, Scholastic Bowl, Science Olympiad, Spanish, Student Council, Swing Dance, Theater, Ukulele, Ultimate Frisbee, Yearbook
스포츠	Cheerleading, Cross country, Dance, Football, Golf, Volleyball, Swimming & Diving, Tennis, Basketball, Bowling, Wrestling, Baseball, Softball, Soccer, Track & Field
대학 진학 결과	Arizona State University, Auburn University, Carroll University, DePaul University, Michigan State University, Northern Michigan University, Purdue University, Rockford University, Syracuse University, University of Alabama, University of Arizona, University of Illinois at Urbana-Champaign, University of Iowa, University of Illinois-Chicago, University of Kentucky, University of Missouri, University of Notre Dame, University of San Francisco, University of Utah, University of Wisconsin-Madison, University of Wisconsin-Milwaukee and more

스쿨 피드백 SCHOOL FEEDBACK

Boylan Catholic High School은 일리노이주 락포드 지역에 위치한 전통 로마 카톨릭 고등학교다. 종교적으로 신앙에 충실하면서 학문적으로 성공할 수 있도록 다양한 AP 및 Honors 클래스를 제공하여 학생들의 진로 적성에 맞는 대학 준비를 시켜 주는 학교다. Blue Ribbon School로도 선정이 되었을 뿐만 아니라 Top 50 Catholic School로 선정되어 일리노이주에서 매우 주목받고 있다. 60acres 규모의 캠퍼스에는 학업을 위한 다양한 시설과 건강을 위한 체육 시설이 잘 갖춰져 있다. 전교생의 95% 학생이 대학 진학을 하고 있으며, 스포츠, 아트, 학업적인 모든 부분에서 뛰어난 학교로 명문대학 준비를 체계적으로 준비할 목적으로 선택할 학교다.

미국 재단 장학금 기숙학교 프로그램

(a) 프로그램 소개

미국에는 우수한 교육 시스템을 자랑하는 많은 공립, 사립학교들이 있다. 특히 조기유학생은 미국 명문 대학 입학을 꿈꾸며 유학을 준비하는 학생들이 많지만 상대적으로 높은 유학 경비로 인해 자신의 가치를 확인하기도 전에 꿈이 좌절되는 경우가 많다

미국 교육재단들은 우수한 교육 시스템은 갖추고 있으나 지역적 특성으로 외부에 많이 알려져 있지 않은 전통 기숙사 학교들과 협력하여 우수한 학생들에게 장학금을 적용하여 우수한 학생들이 학업을 포기하지 않도록 도움을 주고 있다. 이들이 한국 유학생들에게 좋은 조건의 장학혜택을 주면서 유치하는 이유는 미국 현지 학생들에게 다양한 국적의 친구들을 접해 다양한 문화를 경험하도록 하며, 미국의 우수한 교육 환경에서 외국 학생들도 자신의 잠재력을 충분히 펼칠 수 있는 기회를 주어 우수한 인재로 키우고자 함이다.

해당 사립 기숙학교들은 재단의 관리하에 한국 학생들에게 전체 비용의 약 30~40%를 장학금으로 제공하여 3만 달러 초반에서 전통 보딩스쿨의 우수한 교육 환경을 체험할 수 있다. 또한 교육재단을 통해 지원하는 학생들의 원서는 절차에 있어 좀 더 간소화시키고 입학 조건 또한 완화시켜 많은 인재들이 자신들의 학교에 쉽게 지원할 수 있도록 배려한다.

장학금 제공 기숙학교들은 매년 조금씩 늘고 있는 추세라서 좀 더 안정적인 기숙사 생활에 매력을 느끼는 학생들에게 추천할 만한 사립유학 프로그램이다.

(b) 참가 자격

대상	13세~19세(중1~고3)
자격 요건	학교 내신 성적 평균 C 이상/Interview/ELTiS, TOEFL/Duolingo 등
체류 형태	재단 검증을 통과한 미국인 유료 홈스테이/학교 기숙사
비용	2만 달러대 후반~다양

(c) 프로그램 특징

- 최대의 장학금 혜택으로 6만 달러대 이상의 기숙 학교를 3만 달러대로 유학이 가능
- 명문 보딩스쿨 교장 출신의 교육 재단 대표가 학생들의 가디언 자격으로 학교 미팅 참여

- 국제학생을 잘 이해하여 학생들의 노력에 대해 학점으로 충분히 보상하는 학교이며 성실한 학교 생활을 하면 좋은 내신 성적 결과로 명문대학 진학 목표에 최적화된 환경을 제공
- 국제학생들을 위한 전담 선생님을 배정하여 유학생들의 학교 생활 적응을 서포트
- TOEFL/SAT 수업 제공 및 주말 기숙사 학생들을 위한 별도 Activity 제공
- 방학 기간 기숙사 Close될 경우 머물 수 있는 호스트 가정 배정 도움
- 주립 대학 입학 보장: Maine주 기숙학교는 졸업학점 3.0 넘으면 메인 주립대 공인 성적 없이 입학 보장[미국 대학 Top 5% 안에 드는 메인 주 대표 종합대학]
- 수준 높은 AP 클래스와 STEM 수업, 다양한 클럽 및 스포츠 활동들이 라이드 부담 없이 참여할 수 있으므로 적극적인 학교 생활을 원하는 학생에게 적합
- 전 세계 20여 개 국가의 다양한 국적의 국제학생들과 누리는 기숙사 생활로 글로벌 문화 체험
- 성장기 학생들의 건강을 고려한 식단 표에 전문 쉐프의 요리 제공

(d) 장학금 기숙학교 리스트

이 프로그램의 경우 장학금을 제공하며 우수한 학생들을 영입하고자 하는 기숙사 학교들이 미국 재단에 업무제휴를 요청하는 상황이므로 향후 학교 리스트에 있어서 변화가 있을 것으로 본다. 따라서, 학교 리스트는 추가로 변동이 생길 수 있으므로 진행 시점에 학교 리스트를 확인하고 선택하는 게 좋다.

Hebron Academy, ME(헤브론 아카데미, 메인주)

학교소개 INTRODUCTION

홈페이지	https://www.hebronacademy.org/		
주소	339 Paris Road. P.O. Box 309 Hebron, ME 04238		
설립연도	1804	종류	남녀공학, 사립학교
종교	없음	교사/학생	1:5
학년	6~12	전교생 수	250+
ESL	Y	유니폼	N
지원자격	TOEFL/Duolingo 성적, GPA와 영어인터뷰로 입학 결정		

과외활동 ACTIVITY

Ap & Honors	AP Language & Composition, AP English & Composition, AP Calculus AB, AP Calculus BC, AP Statistics, AP Biology, AP Chemistry, AP Physics C: Mechanics, AP Psychology, AP United States History, Advanced Studio Art 2D, Advanced Photography, AP Music Theory, AP Studio Art, American Literature (Honors)
특별활동	The Bridge, Chinese Club, Green Key Ambassadors, The Hebron Review, Math Team, Outing Club, The Spectator Yearbook, Student Government, Student Mentors
스포츠	Cross Country, Field Hockey, Mountain Biking, Soccer, Soccer: Middle School, Football, Golf, Basketball, Alpine Skiing, Snowboarding, Hockey-Boys Varsity, Hockey-COED, Baseball, Lacrosse, Softball, Tennis, Track & Field, Lacrosse
대학 진학 결과	United States Military Academy at West Point, United States Merchant Marine Academy, Massachusetts College of Pharmacy, Princeton University, Pratt Institute, Michigan State University, New York University, UC Davis, UC Irvine, UC San Diego, Purdue University, Texas A&M University, Tufts University, UCLA, University of Michigan, University of Wisconsin, University of Rochester, University of Washington, University of Southern California, Virginia Tech, Carnegie Mellon University, George Washington University, University of Virginia, Cal Tech, University of California, University of Chicago, Drexel University, New York University, George Mason University, Indiana University, University of Hong Kong and more

스쿨 피드백 SCHOOL FEEDBACK

Hebron Academy는 메인주 포틀랜드 공항에서 약 1시간 거리에 위치한 약 230여 년의 역사와 전통을 자랑하는 명문 기숙 사립 중고등 학교다. 1804년에 설립된 남녀공학으로 6학년부터 12학년 까지 약 250명의 학생이 재학하고 있으며 전교생의 80%가 기숙사 생활을 하고 있다. 약 20여 국가 의 다양한 학생들이 깨끗하고 안전한 기숙사 생활을 즐기며 학생이 참여하는 토론식 수업방식으로 운영하고 있어 수준 높은 교육을 받고 있다.

주택지와 떨어진 안전한 지역의 넓은 캠퍼스에서 자연과 벗삼아 안전한 유학 생활을 즐길 수 있 으며 학교에서는 학생들을 위한 대학 진학 준비를 학생별 맞춤 컨설팅 및 과외, SAT, TOEFL 학업 지원 프로그램을 운영하고 있다.

Fryeburg Academy, ME(프라이버그 아카데미, 메인주)

학교소개 INTRODUCTION

홈페이지	https://www.fryeburgacademy.org/		
주소	745 Main St, Fryeburg, ME 04037		
설립연도	1792	종류	남녀공학, 사립학교
종교	없음	교사/학생	1:10
학년	9~12	전교생 수	600+
ESL	Y	유니폼	N
지원자격	TOEFL/Duolingo 성적, GPA와 영어인터뷰로 입학 결정		

과외활동 ACTIVITY

Ap & Honors	AP English Language & Composition, AP English Literature & Composition, AP Calculus AB, AP Calculus BC, AP Statistics, AP Biology, AP Chemistry, AP Environmental Science, AP Physics C: Mechanics, AP European History, AP US History, AP Music Theory, AP Computer Science A, AP Computer Science Principles, AP French Language
특별활동	Activities: Ableton Live, Electronic Music Club, All School Musical, Art Club, Audio-Visual Club, Biology Club, Book Club, Society, Dance Club, Dinner Bell, Dorm Council, Dungeons and Dragons Club, Environmental Club, FA Girls Up, Fryeburg Academy International Club, FOREST: Fryeburg Outdoor Rec & Environmental Stewardship, French Club, Jazz Combos, Ice Fishing Club, Interact, Jazz Band, Junior Classical League and more
스포츠	Cheerleading, Cross Country, Field Hockey, Football, Soccer, Tennis, Golf, Mountain Biking, Basketball, Alpine Ski Team, Ski Team, Wrestling, Cheerleading, Lacrosse, Ultimate Frisbee, Baseball, Track and Field, Softball, , Indoor Track, Nordic, Ice Hockey
대학 진학 결과	Massachusetts Institute of Technology, Harvard university, Boston University, Brandeis University, California College of the Arts (San Francisco), Colby College, Dartmouth College, University of Pennsylvania, Indiana University, Massachusetts College of Liberal Arts Mass, College of Pharmacy & Health Sciences, Pennsylvania State University, Purdue University, SUNY _Buffalo, SUNY_Fredonia, Buffalo State University, New York University of California, UC_Davis, UC_San Diego, University of Illinois at Urbana-Champaign, Massachusetts Amherst University of Pennsylvania and more

스쿨 피드백 SCHOOL FEEDBACK

Fryeburg Academy는 약 230년 역사와 전통을 자랑하는 명문 기숙 고등학교로, 약 600명의 남녀 학생이 재학하고 있으며, 약 20여 개 국가의 다양한 국가로부터 학생들을 받고 있다. 아카데믹 프로그램도 좋지만 특히 미술 선공과 음악 진공을 원하는 학생에게 추천(학생 작품 전시를 위한 멋진 아트갤러리와 최첨단의 음향기기 시설이 되어 있는 공연장 시설 갖춤)하며 전체적으로 캠퍼스가 아름답고 시설이 좋다. 대학 진학 준비를 위해 학생별 맞춤 진학 컨설팅 및 과외 소개, SAT, TOEFL 학업 지원 프로그램을 학교에서 직접 운영하고 있다.

Foxcroft Academy, ME(폭스크로프트 아카데미, 메인주)

학교소개 INTRODUCTION

홈페이지	https://foxcroftacademy.org/		
주소	975 West Main Street, Dover-Foxcroft, ME 04426		
설립연도	1823	종류	남녀공학, 사립학교
종교	없음	교사/학생	1:9
학년	9~12	전교생 수	450+
ESL	Y	유니폼	N
지원자격	TOEFL/Duolingo 성적, GPA와 영어인터뷰로 입학 결정		

과외활동 ACTIVITY

Ap & Honors	IB English Language& Literature HL, AP Calculus AB/BC, AP Statistics, IB Mathematics, AP Chemistry, IB Biology HL, IB Environmental Systems and Societies SL, AP Macroeconomics, AP Microeconomics, IB History of the Americas HL, IB Latin SL, IB Spanish ab initio, Honors English I/II, Honors International Relations, Honors French I/II, Honors Latin I/II//IV, Honors Spanish I/II/III/IV
특별활동	Arts: Intro to Stagecraft, Acting in Musical, Acting in a One-Act Play, Acting in a Three-Act Play, Band, Chorus, Music Fundamentals, Guitar I & II & Guitar Ensemble, Jazz Band, Jazz Improvisation I & II, Orchestra Ensemble/Chamber Ensemble, Pan Band, Percussion Ensemble, Piano I & II, Rock Band, Select Choir, Woodwind Ensemble, Digital Photography and more Activities: American Sign Language, Art Club, Asian Culture, Chess Club, Key Club, Civil Rights Team, Environmental Club, French Club, Gamers Club, History Club, JMG, Latin Club, Math Team, National Honors Society, Peer Mediators, Photograph, Robotics, Spanish Club, Student Council, Student Tech Team
스포츠	Cheerleading, Cross Country, Field Hockey, Football, Golf, Soccer, Basketball, Cheerleading, Indoor Track & Field, Skiing, Swimming, Wrestling, Baseball, Softball, Outdoor Track & Field, Tennis
대학 진학 결과	MIT, Michigan State University, Boston College, Boston University, Carnegie Mellon, College of William and Mary, Cornell University, Dickinson College, Emerson College, Emory University, Indiana University, Parsons, Purdue University, Syracuse University, Texas A&M, University of Wisconsin Madison, University of Texas Austin, University of Southern California, University of Massachusetts Amherst, University of Massachusetts Boston and more

스쿨 피드백 SCHOOL FEEDBACK

Foxcroft Academy는 메인주 뱅거 공항에서 1시간 거리에 위치한 200년의 역사와 전통을 자랑하는 명문 기숙 사립학교로 125acres의 넓은 캠퍼스를 자랑한다. 기숙사는 100여 명의 학생들이 다양한 국적의 국제학생들과 생활하고 있으며, 우수한 커리큘럼과 수준 높은 AP 클래스와 IB 과정을 제공하며 특히 STEM 분야에 있어 강화된 수업을 제공한다. 이 학교 교감 출신의 미국 재단 CEO가 학생들의 가디언이자 부모 자격으로 미팅에 참여하여 도움을 주고 있다.

Conwell-Egan Catholic High School, PA(콘웰-이건 카톨릭 하이스쿨, 펜실베이니아주)

학교소개 INTRODUCTION

홈페이지	www.conwell-egan.org		
주소	611 Wistar Road Fairless Hills, PA 19030		
설립연도	1957	종류	남녀공학, 사립학교
종교	카톨릭	교사/학생	1:18
학년	9~12	전교생 수	583+
ESL	Y	유니폼	Y
지원자격	TOEFL 70+/ELTiS 200+성적, GPA와 영어인터뷰로 입학 결정		

과외활동 ACTIVITY

Ap & Honors	AP: AP United States History, AP Chemistry, AP English, AP Studio Art, AP Physics, AP Psychology, AP English Literature, AP Biology, AP Calculus (24 college credits) Honors: Spanish, World History, Italian, Algebra, Psychology, Latin, Calculus, United States History, Physics, Biology
특별활동	Art Club, Peer Mentors, Chorus, Concert Band, Dram Club, Intramurals, Math-letes, Mini-THON, Newspaper, Office Aides, Robotics, Spirit Night, Student Council, Yearbook, Multicultural Awareness Club, Community Service Corps, National Honors Society, Junior Prom Committee, Senior Prom Committee, School Ministry Club, Ink Slinger Society
스포츠	Cross Country, Football, Basketball, Field Hockey, Tennis, Baseball, Volleyball, Lacrosse, Hockey, Golf, Track & Field, Wrestling; Bowling
대학 진학 결과	Arizona State University, Auburn University, Chestnut Hill College, Drexel University, Eastern University, Indiana University at Bloomington, La Salle University, Loyola University Maryland, MCPHS, Oxford, Michigan State University, New York City, Purdue University, Rutgers, School of the Art Institute of Chicago, School of Visual Arts, Syracuse University, Temple University, The George Washington University, The University of Iowa, University at Buffalo, The State University of New York, UC_ Irvine, UC_San Diego, UC_Santa Cruz, University of Connecticut, University of Illinois at Chicago, U Mass_Amherst, University of Michigan, University of Washington, Virginia Tech, Virginia University and more

스쿨 피드백 SCHOOL FEEDBACK

Conwell-Egan Catholic high School은 펜실베이니아주 필라델피아 근교에 위치해 있으며, 주변에 프린스턴대학, Upenn 대학까지 명문대학들이 있어 학생들의 학업에 대한 목표를 세우기에 매우 좋은 위치에 있다. 미국 교육재단이 기숙 관리형 프로그램을 운영하며, 기숙사는 학교 내에 위치한 안전하고 깨끗한 시설로 학습적인 부분과 방과 후 활동, 과외활동 및 주말 활동 등 체계적인 관리를 받을 수 있는 학교다. 학교는 의대 계열 전공 학생들을 양성하기 위해 노력하며, 다양한 Arts 프로그램과 STEM 교육 프로그램을 운영하고 있다. 국제학생들을 위해서 잦은 미팅을 통해 미국 문화에 대한 이해와 학교 생활 적응력을 높이도록 도움을 주고 있다.

John Bapst Memorial High School, ME(존 밥스트 메모리얼 하이스쿨, 메인주)

학교소개 INTRODUCTION

홈페이지	www.johnbapst.org		
주소	100 Broadway, Bangor, ME 04401		
설립연도	1928	종류	남녀공학, 사립학교
종교	없음	교사/학생	1:11
학년	9~12	전교생 수	510 +
ESL	Y	유니폼	N
지원자격	TOEFL/Duolingo 성적, GPA와 영어인터뷰로 입학 결정		

과외활동 ACTIVITY

Ap & Honors	AP Art History, AP Biology, AP Calculus(AB&BC), AP Chemistry, AP Chinese, AP Comparative Government, AP Computer Programming, AP Economics, AP English Language and Composition, AP English Literature and Composition, AP Environmental Science, AP European History, AP French, AP Human Geography, AP Latin, AP Music Theory, AP Physics, AP Psychology, AP Spanish, AP Statistics, AP Studio Art, AP US History, AP US Government
특별활동	Arts: Chamber Ensemble, Orchestra, Chamber Choir, Concert Band, Concert Choir, Contemporary Music Workshop, Jazz Band, Jazz Ensemble, Music Theory, Piano, Spring Musical Pit Band, Treble Choir, Art Club and more Activities: Amnesty International, Art Club, Badminton Club, Book Club, Chess Team, Chinese Club, Civil Rights Team, Cyber-Security Team, Dance Club, Debate Club, French Club, Frisbee Club, Gaming Club, Guitar Club, Japanese Club
스포츠	Cheering, Cross Country, Field Hockey, Football, Golf, Soccer, Badminton, Basketball, Snowboarding, Table Tennis, Ice Hockey, Indoor Track, Skiing, Swimming, Baseball, Lacrosse, Softball, Tennis, Track & Field and more
대학 진학 결과	Georgetown University, Stanford University, Johns Hopkins, Georgia Tech, Syracuse University, Art Institute of Chicago, Harvard University, Texas A&M, Tufts University, Indiana University-Bloomington, UC-Berkeley, UCLA, King's College London, UC-San Diego, Boston University, McGill University, Brown University, Michigan State University, University of Illinois, University of Massachusetts, NYU, Columbia University, Cornell University, USC, University of Texas, U of Toronto, Dartmouth College, Pratt Institute, University of Washington, Princeton University, Duke University, Purdue University and more

스쿨 피드백 SCHOOL FEEDBACK

John Bapst Memorial high School은 1928년 설립된 우수한 전통을 자랑하는 남녀공학 고등학교로 메인주 뱅고어 공항에서 10여 분 거리에 있으며, 메인 주립대 캠퍼스와 근접한 거리에 위치한다. 학문, 스포츠, 예술 분야에서 진취적인 프로그램을 제공하며 2012, 2014, 2016년에 워싱턴 포스트에서 선정한 메인주 1위 학교로 인정받았다. 국제학생들을 위한 체계적 ESL 및 TOEFL 및 SAT 준비반을 만들어 대학입시에 도움을 주고 있다. 약 10%의 국제학생들은 캠퍼스 기숙사 생활을 하며 다양한 미국 문화 체험과 주말 액티비티 활동들을 제공받으며 즐거운 유학 생활을 하고 있다.

Washington Academy ME(워싱턴 아카데미 메인주)

학교소개 INTRODUCTION

홈페이지	https://www.washingtonacademy.org/		
주소	66 Cutler Road, East Machias, ME 04630		
설립연도	1792	종류	남녀공학, 사립학교
종교	없음	교사/학생	1:12
학년	9~12	전교생 수	440+
ESL	Y	유니폼	N
지원자격	TOEFL/Duolingo 성적, GPA와 영어인터뷰로 입학 결정		

미국 교환학생 성공 가이드

과외활동 ACTIVITY

Ap & Honors	AP English Literature & Composition, AP Calculus AB/BC, AP Biology, AP Chemistry, AP Physics I/II, AP European History, AP United States History, AP Spanish, AP Studio Art, Honors English 9/10/11/12, Honors Algebra I/ll Honors Geometry, Honors Pre-Calculus and Trigonometry, Honors Biology with lab, Honors Chemistry with lab, Honors Conceptual Physics, Honors World History, Honors United States History, Honors Art, Advanced Digital Design and Animation
특별활동	Arts: Art 1, Art 2, Honors Art, AP Studio Art, Digital Design and Animation, Advanced Digital Design and Animation, Introduction to CAD, Cultural Dance & Movement, Band, Chorus, Lab Band, Guitar Activities: Drama, Chinese Club, Envirothon, National Honors Society, Sustainability Club, Student Council, Jazz Band Ensemble, Junior Prom Committee, Math Team, Art Club, Honors Society, Chess Club, Maine State Science Fair, Book Club, Science Club, Swim Club and more
스포츠	Soccer, Volleyball, Football, Cross Country, Golf, Basketball, Cheering, Swimming, Wrestling, Indoor Track, Baseball, Softball, Tennis, Track & Field
대학 진학 결과	Carnegie Mellon, MIT, Cornell University, Princeton, Purdue, Boston University, Bowdoin College, Brown University, Carleton, Case Western Reserve, Columbia U, Dartmouth University, Drexel, George Washington University, Georgia Tech. Harvard, Michigan State University, NYU, Ohio St .University, Parsons, Penn State, Stanford, Stony Brook, Syracuse, Temple, Tufts, U of Conn. UIUC, U of Maine, U of Penn. UT Austin, U of Wisconsin, Vanderbilt U and more

스쿨 피드백 SCHOOL FEEDBACK

Washington Academy는 미국 메인주 Bangor 국제공항에서 2시간 거리에 위치한 약 230년 역사와 전통을 자랑하는 75acres의 넓은 캠퍼스를 자랑하는 명문 기숙 학교다. 약 15개의 다양한 국가로부터 학생들을 받고 있으며 모두 깨끗하고 안전한 기숙사 생활을 즐기고 있다. 국제 학생에 배려가 높고 학생들의 실수에도 일단 기회를 주며, 성공적인 유학 생활을 할 수 있도록 최대한 도와준다. 학교 캠퍼스가 해변가 근처라서 해양 생물학/해양 기술에 대한 서포트가 강하고 애니메이션 전공에 관심 많은 학생들에게 추천하는 학교다.

Woodstock Academy, CT(우드스탁 아카데미, 코네티컷주)

학교소개 INTRODUCTION

홈페이지	https://www.woodstockacademy.org/		
주소	North-57 academy Road Woodstock, CT 06281 South-176 Route 169 Woodstock, CT 06281		
설립연도	1801	종류	남녀공학
종교	없음	교사/학생	1:13
학년	9~12	전교생 수	1,098+
ESL	Y	유니폼	N
지원자격	TOEFL/Duolingo 성적, GPA와 영어인터뷰로 입학 결정		

과외활동 ACTIVITY

Ap & Honors	AP Biology, AP Calculus, AP Chemistry, AP English Literature and Composition, AP European History, AP French Language and Culture, AP Latin Language, AP Physics, AP Statistics, AP Studio Art: Drawing, AP US History and more
특별활동	Arts: 3D Animation and Game Design, Broadcast Media, Culinary Arts, Digital Drawing, Digital Media Production, Drama, Electronic Design, Exploring, Film, Multimedia, Music, Radio Station, Special Explorations in Woodworking, Theater, Wood Technology Activities: Chess Club, Choir (Hill Singers), Drama, Earth Save, International Club, Math Team, Model United Nations, National Honors Society Ocean Bowl, Plastics Team, Robotics, SAT Prep, Student Council
스포츠	Cross Country, Football, PG Basketball, Soccer, Basketball, Ice Hockey, Indoor Track, PG Basketball, Wrestling, Baseball, Lacrosse, PG Basketball, Tennis, Track and Field Athletics, Cheerleading, Cross Country, Field Hockey, PG Basketball, Soccer, Volleyball, Basketball, Cheerleading, Gymnastics, Ice Hockey, Indoor Track, PG Basketball, Lacrosse, PG Basketball, Softball, Tennis, Track and Field
대학 진학 결과	Boston University, Bowdoin College, Boston College, Brown University, Carnegie Mellon University, Case Western Reserve University, Columbia University, Cornell University, Dartmouth College, Emory University, Harvard University, Tufts University, University of Connecticut, University of Vermont, University of Virginia, Vanderbilt University, Williams College, Yale University and more

스쿨 피드백 SCHOOL FEEDBACK

Woodstock Academy는 코네티컷주 우드스탁 도시에 위치해 있으며 1801년에 설립된 약 220년 이상 역사와 전통 있는 뉴잉글랜드식 학교다. 학교는 총 3개의 캠퍼스가 있으며 북쪽 캠퍼스는 컴퓨터 랩실, 도서관, 상담실, Activity Center, 기념관, 미디어센터, 다목적 스타디움, 각종 스포츠 구장, 육상 트랙 등 6개의 빌딩으로 구성되어 있으며, 최근 남쪽 캠퍼스를 추가하여 공학 연구실과 공동 작업실(Makerspace)을 두어 STEM Program을 강화하고 있다. 1000명 이상의 고등학생들이 재학 중이며, 우수한 커리큘럼과 다양한 클럽 활동들이 제공되며, 특히 라디오 방송국이 있어 미니어 과정에 관심이 높은 학생들에게 인기가 있다. 새롭게 단장한 깨끗하고 쾌적한 기숙사 시설로 안전한 유학 생활을 즐기며 수준 높은 교육을 받을 수 있다.

Thornton Academy, ME(손톤 아카데미, 메인주)

학교소개 INTRODUCTION

홈페이지	www.thorntonacademy.org		
주소	438 Main Street, Saco, ME 04072		
설립연도	1811	종류	남녀공학, 사립학교
종교	없음	교사/학생	1:15
학년	6~12	전교생 수	1,630+
ESL	Y	유니폼	N
지원자격	TOEFL/Duolingo 성적, GPA와 영어인터뷰로 입학 결정		

과외활동 ACTIVITY

Ap & Honors	AP Music Theory, AP Art and Design, AP Language and Composition, AP Literature and Composition, AP US History, AP European History, AP Government and Politics: United States, AP Human Geography, AP Microeconomics, AP Macroeconomics, AP Psychology, AP Chinese, AP Latin, AP French, AP Spanish, AP Statistics, AP Calculus AB/BC, AP Biology, AP Chemistry, AP Environmental Science, AP Physics I/II, AP Physics C, AP Computer Science A, AP Computer Science Principles
특별활동	Anglers Society, Cycling Club, Equestrian Club, Outdoor Adventure Club, Ski Club, Environmental Club, Civil Rights Team, Amnesty International, Animal Rights Group, Police Explorer Club, Political Action Group, Women and Gender Equal Rights, TED Club, Student Council, TA Tour Guides, Action Team, Ambassador Club, Interact Club, Ribbon Club, National Honors Society, INK (Literature & Arts Magazine), Math Team, euro science Club, Robotics Team, Science Olympiad and more
스포츠	Cheerleading, Cross Country, Field Hockey, Football, Golf, Soccer, Tennis, Volleyball, Basketball, Cheerleading, Ice Hockey, Indoor Track, Swimming, Wrestling, Baseball, Softball, Outdoor Track & Field, Tennis
대학 진학 결과	American University, Berklee College of Music, Boston College, Boston University, Brown University, Columbia University, Cornell University, Dartmouth College, Duke University, Johns Hopkins, MIT, Northeastern University, Parsons School of Design, UCLA, UC Santa Barbara, USC University of Michigan, University of Texas and more

스쿨 피드백 SCHOOL FEEDBACK

Thornton Academy는 메인주에서 가장 큰 규모를 자랑하는 기숙학교로 보스턴 공항에서 90분 거리에 위치해 보스턴 공항을 이용하면 편리하게 입출국이 가능한 학교다. 6학년부터 12학년까지 약 1,600명 이상 학생이 재학하고 있다. 다양한 국가의 학생들이 재학 중이며 깨끗하고 안전한 기숙사 생활을 즐기며 수준 높은 교육을 제공하고 있다. 국제학생들을 배려하여 컨설팅 및 과외, SAT, TOEFL 학업 지원 프로그램들을 운영하고 있다. 26개의 AP 클래스와 42개의 Honors 클래스를 제공하므로 학업에 관심이 높은 학생들은 만족스럽게 미국 명문대학 준비를 할 수 있다. 기숙사 생활하는 국제학생들을 위해 주말에 다양한 이벤트를 계획하여 즐겁게 유학 생활을 할 수 있도록 하며 건강을 위해 전문 쉐프의 균형 잡힌 식단을 제공하여 만족도가 높은 학교다.

St. Mary's School, OR(세인트 메리스쿨, 오리건주)

학교소개 INTRODUCTION

홈페이지	https://www.smschool.us/		
주소	816 Black Oak Drive, Medford, OR 97504		
설립연도	1865	종류	남녀공학, 사립학교
종교	카톨릭	교사/학생	1:10
학년	5~12	전교생 수	514+
ESL	Y	유니폼	Y
지원자격	TOEFL/Duolingo 성적, GPA와 영어인터뷰로 입학 결정		

과외활동 ACTIVITY

Ap & Honors	Biology, Calculus AB, Physics C, Chemistry, Calculus BC, Art History, Environmental Science, Statistics, Multivariable Calculus (not AP), Computer Science, World History Spanish Language, Latin Vergil, U.S. Government, German Language, English Literature, Microeconomics, Spanish Literature, Macroeconomics, Chinese Language and Literature and more
특별활동	Community Service Committee, Yearbook, Mock Trial, Brain Bowl, Model UN, Chess Club, Educational Travel Programs, Astronomy Club, Student Government, Speech and Debate, Yoga, Science Olympiad, After-School Ski Program, Choir, Outdoor Club, Jazz Band, Art Club, Environmental Club, Chamber Ensemble, Math Team, Orchestra, Chinese Club, Spanish Club, Lego Robotics, Drama Club, International Club, Astronomy Club, Games Club, Kindness Club, Business Club
스포츠	Alpine Skiing, Baseball, Basketball, Bowling, Cross-Country, Cross-Country Running, Football, Golf, Snowboarding, Soccer, Swimming, Swimming and Diving, Tennis, Track, Track and Field, Volleyball
대학 진학 결과	Princeton University, Yale University, University of Chicago, Stanford University, Duke University, MIT, Johns Hopkins University, Northwestern University, Brown University, Cornell University, UC Berkeley, UCLA, University of Southern California, New York University, Boston University, University of Illinois at Urbana-Champaign and more

스쿨 피드백 SCHOOL FEEDBACK

St. Mary's School은 오리건주 메드포드 지역에 위치하며 메드포드는 맑은 공기와 높은 산, 깨끗한 식수원을 자랑하는 친환경적인 안전한 도시다. 학교는 1865년에 오픈된 약 160년 역사와 전통을 자랑하는 카톨릭 기숙 사립학교다. 기숙학교가 많지 않은 서부에서 우수한 커리큘럼과 안전하고 깨끗한 환경으로 매우 인기 있는 학교 중 하나다. 국제학생들은 반드시 공인 성적을 입학 전까지 제출해야 하며 영어 레벨에 따라 평가한 후 방과 후 개인 교습이 필요한 학생들은 별도 도움을 주고 있다. 5학년부터 12학년까지 약 514명의 학생이 재학하고 있으며 기숙사 생활은 8학년부터 가능하다. 미국 가정과 문화에 대한 관심이 높은 학생들을 위해 홈스테이 프로그램도 운영하고 있으므로 선택 가능하다.

The MacDuffie School, MA(더 맥더피스쿨, 매사추세츠주)

학교소개 INTRODUCTION

홈페이지	https://macduffie.org/		
주소	66 School St Granby, MA 01033		
설립연도	1890	종류	남녀공학, 사립학교
종교	없음	교사/학생	1:6
학년	6~12	전교생 수	200+
ESL	Y	유니폼	N
지원자격	TOEFL/Duolingo 성적, GPA와 영어인터뷰로 입학 결정		

과외활동 ACTIVITY

Ap & Honors	AP English 11 Language and Composition, AP English 12 Literature and Composition, AP US History, AP Modern World History, AP Latin IV, AP French IV, AP French V, AP Spanish IV, AP Spanish V, AP Calculus AB, AP Calculus BC and Multivariable Calculus, AP Statistics, AP Computer Science Principles, AP Physics I, AP Physics 2, AP Chemistry, Environmental Science
특별활동	Anime, Chess, Community Service, Dance, eSports, Film, Fitness, Improv, Mathletes, Music Ensembles, Musical Production, Photography, Play Production, Poetry, Student Government, Student Newspaper
스포츠	Boys: Cross Country, Soccer, Basketball, Swimming, Badminton, Baseball, Golf, Tennis, Ultimate Frisbee Girls: Cross Country, Soccer, Volleyball, Basketball, Swimming, Badminton, Golf, Lacrosse, Tennis, Ultimate Frisbee
대학 진학 결과	Harvard University, MIT, Smith College, Georgetown University, Vassar College, UC-Berkeley, Boston University, Mt. Holyoke College, Bowdoin College, College of William and Mary, George Washington University, Cornell University, Babson College, Trinity College, Boston College, Northwestern University, New York University, Carnegie Mellon University, Wesleyan University, Williams College, Middlebury College, UC-San Diego, Penn State and more

스쿨 피드백 SCHOOL FEEDBACK

MacDuffie School은 매사추세츠주 Granby에 위치하며 1890년에 설립되어 130여 년의 전통을 자랑하는 사립 기숙사학교로 학년은 6학년부터 12학년까지 약 200여 명 학생이 재학 중이다. 고등학생이 170여 명이며, 중학생들은 30명으로 구성되어 있다. 약 26개 국적의 유학생들이 현지 학생들과 기숙사 생활을 하며, 보스턴의 우수하면서도 다이내믹한 학습 환경은 NICHE 평가 A+을 받고 있다. UMass Amherst's 고분자 과학 연구소와 Harvard University Science Department와 아카데믹 협업을 통해 학생들에게 수준 높은 과학 수업들을 제공하고 있다.

Marshall School, MN(마샬 스쿨, 미네소타주)

학교소개 INTRODUCTION

홈페이지	www.marshallschool.org		
주소	1215 Rice Lake Road, Duluth, MN 55811		
설립연도	1904	종류	남녀공학, 사립학교
종교	카톨릭	교사/학생	1:11
학년	4~12	전교생 수	420+
ESL	Y	유니폼	Y
지원자격	TOEFL/Duolingo 성적, GPA와 영어인터뷰로 입학 결정		

과외활동 ACTIVITY

Ap & Honors	AP Studio Art, AP Computer Science Principles, AP Computer Science A, AP English Literature and Composition, AP French Language, AP Spanish Language, AP German Language, AP Calculus AB, AP Calculus BC, AP Statistics, AP Biology, AP Chemistry, AP Physics C, AP World History, AP U.S. Government and Politics and more
특별활동	Yearbook Committee, Mock Trial, Music Listening Contest, Chemistry Club, Drama Club, National Honors Society, International Student Club, Recreational Computing Service Club, Robotics Team, Spanish Club, Knowledge Bowl, Speech Club, Leadership Forum, Math League, Student Ambassadors, Student Council
스포츠	Dance Team (girls), Baseball (boys), Tennis (co-ed), Softball (girls), Volleyball (girls), Track and Field (co-ed), Cross Country (co-ed), Golf (co-ed), Soccer (co-ed), Basketball (co-ed), Hockey (boys), Alpine and Nordic Skiing (co-ed), Swimming (boys)
대학 진학 결과	Yale University, Columbia University, University of Pennsylvania, Cornell University, Rice University, University of California at Berkeley, University of California at Los Angeles, University of Southern California, Case Western Reserve University, Boston University, Pennsylvania State University and more

스쿨 피드백 SCHOOL FEEDBACK

Marshall School은 미네소타주 Duluth 지역에서 1904년 오픈한 카톨릭 기숙 사립학교로 우수한 커리큘럼과 깨끗하고 안전한 기숙사 환경으로 주목받고 있는 학교다. 콜롬비아, 터키, 프랑스, 독일, 러시아, 스웨덴에 자매 학교를 두고 있으며, 매년 여러 나라의 학생들을 학교에 초대하여 마샬 학생들이 다른 국가 학생들과 함께 글로벌 역량을 키울 수 있는 기회를 제공하고 있다. 시니어 학생들은 캡스톤 프로젝트 개발 작업에 참여하여 직업탐구, 창의적 활동, 연구, 기술 구축, 연장 서비스 등의 프로그램을 수행하도록 하고 있다. 마샬 스쿨에는 약 420명의 학생이 재학하고 있으며 기숙사 생활은 8학년부터 가능하다. 미국문화에 대한 관심이 높은 학생들을 위해 홈스테이 프로그램도 운영하고 있다.

Maine Central Institute, ME(메인 센트럴 인스티튜트, 메인주)

학교소개 INTRODUCTION

홈페이지	https://www.mci-school.org/		
주소	295 Main St, Pittsfield, ME 04967		
설립연도	1866	종류	남녀공학, 사립학교
종교	없음	교사/학생	1:9
학년	9~12	전교생 수	500+
ESL	Y	유니폼	N
지원자격	TOEFL/Duolingo 성적, GPA와 영어인터뷰로 입학 결정		

과외활동 ACTIVITY

Ap & Honors	AP English Language & Composition, AP U.S. History, AP English Literature & Composition, AP U.S. Govt & Politics, AP Calculus AB/BC, AP Statistics, AP Biology, AP Chemistry, AP Physics I/II, AP Art History, AP Environmental Science, AP Computer Science A, AP Computer Science Principles/Remote : AP European History, AP Macroeconomics, AP Spanish Language & Culture, AP Music Theory, AP Environmental Science, AP Human Geography, AP Psychology, AP World History
특별활동	Studio Foundations I/II, Ceramics, Drawing & Painting, Tech Theatre I & II, Stage/TV Makeup I & II, Tech Theatre III/Adv. Tech Theatre, Stage TV, Makeup I, II, Social Theatre, Actor's Studio I, Intro to Costume Design, Play Production, Festival Theatre Ensemble, Concert Band, Concert Choir, Instrumental Jazz Ensemble, Vocal Jazz Ensemble and more
스포츠	Football, Field Hockey, Soccer, Golf, Wrestling, Indoor Track, Basketball, Rifle, Swimming, Ice Hockey, Indoor Track, Baseball, Softball, Lacrosse, Tennis, Track
대학 진학 결과	American University, Brandeis University, Boston College, Boston University, Brown University, Cornell University, Dartmouth, UC-Berkeley, Georgetown University, Harvard University, Indiana University, Michigan State, New York University, Northeastern University, Ohio State University, Pratt Institute, Princeton University, SUNY-Stony brook, Syracuse University, University of Maine, USC, University of Washington, University of Wisconsin-Madison, Yale and more

스쿨 피드백 SCHOOL FEEDBACK

MCI(Maine Central Institute)는 미국 메인주 Bangor 공항에서 약 40분 거리에 위치한 약 150년의 역사와 전통이 있으며 50acres 넓은 캠퍼스를 자랑하는 명문 학교다. 약 500명의 학생이 재학하고 있으며 다양한 국가로부터 온 학생들이 모두 깨끗하고 안전한 기숙사 생활을 즐기며 수준 높은 교육을 받고 있다. 특히 국제 학생에 대한 배려가 높고, 준비없이 유학을 가는 고학년 학생들이 적응하기 쉽고 성과도 낼 수 있는 학교이다. 또한, 발레와, 미술, 음악 전공을 원하는 예술에 특화된 학업을 하고자 하는 학생에게 매우 적합한 학교다. 재단의 대표이자 학생들의 가디언이 학교 근처에 거주하므로 학생들 애로사항이 발생했을 때 빠르게 대처 가능한 학교이며, 상대적으로 외로움을 많이 느끼는 학생들에게 적극 추천한다.

International Leadership of Texas, TX(텍사스 국제 리더십스쿨, 텍사스주)

학교소개 INTRODUCTION

홈페이지	https://www.iltexas.org/		
주소	4413 N Shiloh Rd, Garland, TX 75044		
설립연도	1823	종류	남녀공학, 공립학교
종교	없음	교사/학생	1:11
학년	9~12	전교생 수	622+
ESL	Y	유니폼	Y
지원자격	TOEFL/Duolingo 성적, GPA와 영어인터뷰로 입학 결정		

과외활동 ACTIVITY

Ap & Honors	AP Biology, AP Calculus AB, AP Calculus BC, AP Chemistry, AP Chinese Language and Culture, AP Computer Science A, AP Physics 1, AP Physics 2, AP Computer Science Principles, AP English Language and Composition, AP Environmental Science, AP Human Geography, AP Research, AP Spanish Language and Culture, AP U.S. Government and Politics, AP U.S. History, AP World History: Modern and more
특별활동	Computer animation, Design, Graphics, Painting, Photography, Music courses, Band, Choir/Chorus, Jazz band, Orchestra, Performance arts courses, Dance, Drama, World language courses, Chinese-Mandarin, Spanish and more
스포츠	Dance Team (girls), Baseball (boys), Tennis (co-ed), Softball (girls), Volleyball (girls), Track and Field (co-ed), Cross Country (co-ed), Golf (co-ed), Soccer (co-ed), Basketball (co-ed), Hockey (boys), Alpine and Nordic Skiing (co-ed), Swimming (boys) and more
대학 진학 결과	University of Texas at Austin, Ohio State University, Penn State University, Rutgers University, John Hopkins University, Cornell University, Emory University, Duke University, Boston University, Northeastern University, University of Southern California, University of Washington, Michigan University, University of Rochester, M.I.T, Brown University, Stanford University, Columbia University, University of Pennsylvania, New York University, University of Michigan, Stanford University, Yale University, Columbia University, University of Chicago and more

스쿨 피드백 SCHOOL FEEDBACK

International Leadership of Texas는 댈러스(Dallas)에 위치한 공립 고등학교지만 교육재단이 비자 발급을 해 줘 4년간 지속적으로 공부할 수 있으며 졸업생들은 Instate Tuition 적용을 받을 수 있어 대학 학비 절감이 가능해 주목받는 학교다. 미국 내 가장 도전적인 학교 상위 1%(워싱턴 포스트지 선정, 2017), 상위 2% 미국 내 대학 입학률(U.S. News and World Report, 2020), 전미 탑 3%(US News and World Report, 2019) 등 다양한 부문에서 인정받고 있다. 미국 재단은 국제학생들을 위한 전문 컨설팅프로그램을 운영하며 미국 명문대 진학을 위한 조건을 서포트하고 있다. 학교는 영어와 스페인어, 중국어를 구사할 수 있도록 교육하며, 탁월한 리더십으로 국제사회에 기여할 수 있는 리더 양성을 목적으로 한다.

관리형 유학 프로그램

미국 조기유학에 관심이 높아지면서 학부모가 자녀교육을 위해 동반 비자를 받고 출국하고 싶지만 아쉽게도 가장 선호하는 미국은 쉽지 않다. 대신 많은 학부모들은 자녀가 미국의 선진 교육 시스템과 문화를 조기유학으로 경험하고, 명문대학 진학을 목표로 학업 준비하는 길을 선택한다. 따라서, 관리형 유학은 학생의 가디언 역할을 해 줄 수 있는 한국인 관리자가 있어 학생에게 맞는 학교 선정과 원하는 형태의 맞춤 관리를 하는 프로그램으로 체류 형태에 따라 홈스테이 관리형 유학과 기숙 하우스 관리형 유학으로 나눠진다.

(a) 홈스테이 관리형 유학

① 프로그램 소개

홈스테이 관리형 유학은 미국 동부와 서부를 비롯 미국 내 주요 도시 명문 학군에서 수십 년간의 관리 경험과 교육 현장에서 노하우를 가진 교육 전문 가디언이 학생의 입학부터 졸업까지 학교 생활과 홈스테이 생활을 체계적으로 관리하는 프로그램이다. 참여 학생들은 엄선된 미국인 홈스테이 가정에서 가족 구성원으로 생활하며 영어와 미국 문화를 자연스럽게 습득하며 유학 생활의 전반적인 도움을 받는다. 현지 가디언은 검증된 홈스테이 가정을 배정하고 학생들이 현지 생활에 빠르게 성공적으로 적응할 수 있도록 적극적으로 관리한다. 또한, 학교에 학생의 가디언으로 등록하여 학교 생활에 대한 애로사항이나 필요한 부분을 도와주고 세심한 부분을 챙겨 학생들의 성공적인 유학 생활의 길잡이가 되어 준다.

② 프로그램 내용

구분	내용
지역	캘리포니아(CA), 메릴랜드(MD), 버지니아(VA), 워싱턴(WA), 조지아(GA) 등
대상	초등학교 4학년~고등학교 2학년
학교	기독교, 카톨릭, 비종교계 사립학교
비자 타입	유학생(F1) 비자, 1년 이상 연장 가능
숙소	미국인 또는 한국인 가정 홈스테이
포함 내역	홈스테이 비용, 가디언 비용, 현지 학생 관리 비용
불포함 내역	학비, 비자 수속비, 학교 관련 비용, 과외 비용, 개인 용돈 등

③ 프로그램 특징

- 검증된 홈스테이: 학교 및 현지 지사에서 엄선한 홈스테이 가정을 배정
- 최고의 가디언: 교육 전문가로부터 철저한 관리와 보호를 받는 프로그램
- 지속적인 관리: 연중무휴 서울 본사와 현지 지사 간의 연락망을 구축하여 관리
- 생활 리포트: 학생들의 학업 및 생활 관리 리포트를 정기적으로 제공
- 방과 후 학습 관리: 학생의 필요에 따라 학생에 맞는 방과 후 학습 제공 가능
- 진학컨설팅: 전문적인 학업 관리 시스템은 물론 명문대학 진학을 위한 준비 과정 제공

(b) 기숙 하우스 관리형 유학

① 프로그램 소개

기숙 하우스 관리형유학 프로그램은 홈스테이가 아닌, 한국 가디언이 있는 기숙 하우스에서 유학 생활을 하는 프로그램이다. 어린 학생들이 타국에서 겪을 어려움을 최소화하고 성장기에 입맛에 맞는 건강한 한국 음식을 제공받고 다양한 분야의 관리를 받는 프로그램이다. 안전하고 우수한 환경에서 학업할 수 있는 최적의 지역들을 선정하며, 각 지역마다 쾌적하고 최신 시설을 갖춘 기숙사에서 생활하면서 학업에 몰입할 수 있도록 지원한다. 학교 성적 관리는 물론 방과 후 활동과 과외 및 주말 활동 등 체계적인 관리를 통해 학생들이 원하는 전공과 명문 대학교 진학을 목표로 운영한다. 유학이 처음인 학생도 미국 문화와 영어 습득 그리고 학교 생활에 빠르게 적응할 수 있도록 충분히 지원하는 프로그램이다.

② 프로그램 정보

구분	내용
지역	버지니아(VA), 캘리포니아(CA), 매사추세츠(MA), 뉴저지(NJ) 등
대상	초등학교 4학년~고등학교 2학년
학교	기독교, 카톨릭, 비종교계 사립 학교
비자 타입	유학생(F1) 비자로 1년 이상 연장 가능
숙소	기숙 하우스 또는 학교 캠퍼스 기숙사
포함 내역	기숙사 비용, 가디언 비용, 현지 학생 관리 비용
불포함 내역	학비, 비자 수속비, 항공료, 학교 관련 비용, 과외 비용, 개인 용돈 등

③ 프로그램 특징

- 밀착 관리: 학생 개개인의 특성과 목표에 따라 집중적이고 체계적으로 관리

- 최적의 환경: 우수한 지역, 안전하고 쾌적한 기숙사, 학업에 몰입하도록 교육환경 제공

- 최고의 가디언: 학생의 현지 적응을 위한 멘토링 역할을 하는 가디언이 항상 대기

- 정기적인 생활 보고서: 학생의 성적 및 생활 관리 리포트를 정기적으로 제공

- 방과후 학업 관리: 내신 관리와 테스트를 학년별로 준비 방과후 학습과 주말 프로그램 운영

- 진로와 진학 상담: 생활과 학사 관리는 물론, 대학 진학과 진로 상담 제공

④ 관리형 유학 학교 리스트

관리형 유학이 진행되는 지역에는 다양한 형태의 사립학교들이 있다. 이곳에 소개되는 학교 리스트는 각 지역별 가장 인기 있는 학교들로 정리하였으며 학교의 자세한 커리큘럼이나 입학 조건들은 진행 시점에 변동이 있을 수 있으므로 학교 정보 및 리스트는 유학 전문가와 상의한 후 최종 진행 결정을 하길 바란다.

Liberty Christian Academy, VA(리버티 크리스천 아카데미, 버지니아주)

학교소개 INTRODUCTION

홈페이지	http://www.lcabulldogs.com/		
주소	3701 Candlers Mountain Rd, Lynchburg, VA 24502		
설립연도	1967	종류	남녀공학, 사립학교
종교	기독교	교사/학생	1:16
학년	Pre K~12	전교생 수	1966
ESL	Y	유니폼	N
지원자격	최근 3년 내신 성적, Interview, TOEFL/IELTS/Duolingo		

과외활동 ACTIVITY

Ap & Honors	AP Biology, Calculus AB, English Language & Composition, AP Government, Physics I, Psychology, Spanish V, Art (8), Dual Enrollment College Courses (18), Math 121, 128, History 221,222, English 101,102,215 Education 201, Information & Technology 110, Honors Courses (18), English 9, 10, 11, Algebra I, II, Geometry, Advanced Math Calculus, Earth Science, Biology
특별활동	High School: Beta Club, Robotics, Mayor's Youth Council, National Honors Society, Archery Club, Chess Club, Math Club, Ice Hockey Club, Model United Nations Club, Star Wars Club, Cyber Security Club, BASS Fishing Club, Chick-fil-a Leader Academy, Creative Writing Club, Marching Band Middle School: Jr. Beta Club, Ice Hockey, Book Club, Chess Club, Drama Club, Archery Club, STEM
스포츠	Cheerleading, Cross Country, Football, Golf, Volleyball, Basketball, Swim & Dive, Indoor Track, Wrestling, Baseball, Lacrosse, Outdoor Track, Soccer, Softball, Tennis
대학 진학 결과	Boston University, Cal State, College of William and Mary, Cornell University, Duke, Fordham University, George Mason University, Georgia Tech, Indiana University-Bloomington, Liberty University, Michigan State University, NYU, Northeastern University, Parsons , Purdue University, Rhode Island School of Design, SUNY-Binghamton University, Texas A&M University, United States Naval Academy, UIUC, University of Indiana, University of Michigan, UT-Austin, University of Toronto, University of Virginia, University of Washington, University of Wisconsin-Madison, Virginia Tech., Washington and Lee University and more

스쿨 피드백 SCHOOL FEEDBACK

Liberty Christian Academy는 버지니아주에서 제일 큰 크리스천 학교로 Liberty University와 같은 재단으로 2005년에 캠퍼스를 분리 운영하였다. 웨스트 포인트 출신 이사장이 안전을 최우선으로 하는 방침으로 학교 주변에 경찰이 상주하고 지역 경찰청이 학교 바로 뒤에 위치해 있다. 재학생이 많은 관계로 학생들의 편의시설이 잘 갖추어져 있다. ESL 수업이 있지만 학년별 일정 수준의 영어 실력을 요구하여 공인영어시험 점수가 필요하다. 백인 비율이 높은 학교지만 국제학생을 환영하며, 학교에서 1년에 두 번 국제학생들과 호스트 가족들이 서로 문화의 차이에 대해 이야기 나누는 행사도 진행하고 있다.

Bergen Catholic High School, NJ(버겐 카톨릭 하이스쿨, 뉴저지주)

학교소개 INTRODUCTION

홈페이지	http://www.bergencatholic.org/		
주소	1040 Oradell Ave, Oradell, NJ 07649		
설립연도	1955	종류	남학교, 사립학교
종교	카톨릭	교사/학생	1:13
학년	9~12	전교생 수	655
ESL	No	유니폼	Yes
지원자격	최근 3년 내신 성적, Interview, TOEFL/IELTS/Duolingo		

과외활동 ACTIVITY

Ap & Honors	AP Studio Art, AP Computer Science, AP English Language & Composition, AP Spanish, AP Latin, AP Literature, AP Calculus AB, AP Calculus BC, AP Statistics, AP Physics, AP Mathematics, AP Chemistry, AP Biology, AP World History 1, AP American History II, AP American Government
특별활동	AMC Math, Anatomy, AP Art Club, Architecture, BC Alive BC Fit, BC TV, Birding Crusaders, CCA (Crusaders for Christian Action), Chess, Computer Science and Engineering, Crusader Missions, Crusaders Against Cancer Engineering, English Enrichment, Finance/Stock Market, Green, Habitat for Humanity, Harassment Intimidation Bullying (H.I.B.) Task Force, Junior Statesmen of America (JSA) Language Enrichment, Learning Center, Let Girls Learn, Marine Life, Math Enrichment and more
스포츠	Cross Country, Football, Basketball, Bowling, Hockey, Indoor Track, Skiing, Swimming, Wrestling, Soccer, Baseball, Crew, Golf, Lacrosse, Outdoor Track, Tennis, Volleyball
대학 진학 결과	Boston College, Brown University, Carnegie Mellon University, College of William and Mary, Cornell University, Dartmouth College, Emory University, George Washington University, Georgetown University, Georgia Tech, Harvard University, Johns Hopkins University, Michigan State University, Parsons School of Design, Pennsylvania State University, Rensselaer Polytechnic Institute, Rutgers University, Syracuse University, Tufts University, University of Pennsylvania, University of Pittsburgh, University of South California, University of Virginia, Villanova University, Wake Forest University, Wesleyan University and more

스쿨 피드백 SCHOOL FEEDBACK

Bergen Catholic High School은 뉴저지주 버겐 카운티의 백인들이 많이 거주하는 Oradell에 위치한 남학교다. 스포츠를 잘하는 학교로 유명하며 운동에 재능이 있어 좋은 대학을 가는 학생들이 많다. Football, Basketball 등 다수의 운동 종목이 State Champion까지 진출하고, 이웃의 Don Bosco 학교와는 라이벌 관계에 있다. Duke, Georgetown, Boston College, NYU 등을 특히 많이 보낸다. 백인 남학생이 주류이고 한 학년당 5명 정도의 한국 학생이 있다. 학교 생활에 성실한 학생들에게 성적을 잘 주는 학교이며, 입학 시 토플 점수가 있어야 하고 온라인 인터뷰를 진행하는데 학생이 마음에 들면 늦은 시기에도 Admission을 준다.

North Cobb Christian School, GA(노스 코브 크리스천 스쿨, 조지아주)

학교소개 INTRODUCTION

홈페이지	http://www.ncchristian.org		
주소	4500 Eagle Drive, Kennesaw, GA 30144		
설립연도	1983	종류	남녀공학, 사립학교
종교	기독교	교사/학생	1:10
학년	Pre K~12	전교생 수	1,020+
ESL	Y	유니폼	Y
지원자격	최근 3년 내신 성적, TOEFL, Interview		

과외활동 ACTIVITY

Ap & Honors	AP Calculus, AP Comparative Government, AP Modern European History, AP U.S. Government, AP U.S. History, AP Computer Science, AP English Language, AP English Literature, AP Macroeconomics, AP Microeconomics, AP Studio Art, Honors Algebra II, Honors American Literature, Honors Anatomy & Physiology, Honors Biology, Honors British Literature, Honors Chemistry, Honors Constitutional Law and more
특별활동	Beta Club, Chess Club, Chinese (offered periodically), Fellowship of Christian Athletes, International Club, Journalism Club, Middle School Lego Robotics League, Mock Trial, Multicultural Club, National Honors Society, National Junior Honors Society, Paintball Club, Robotics, Science Mania (offered periodically), Service Club, Strategy Game Club, Student Government and more
스포츠	Baseball, Basketball, Cheering, Cross Country, Dance, Equestrian, Football, Golf, Mountain Biking, Soccer, Softball, Swimming, Tennis, Track and Field, Volleyball, Wrestling
대학 진학 결과	Boston University, Brown University, Carnegie Mellon University, Case Western Reserve University, Emory University, Georgia Institute of Technology, Harvard University, Johns Hopkins University, New York University, Northeastern University, Ohio State University, Purdue University, Tulane University, UC(Berkeley, Davis, Irvine, Los Angeles, San Diego, Santa Barbara), University of Chicago, University of Georgia, UIUC, University of North Carolina at Chapel Hill, University of Southern California, University of Texas at Austin, University of Wisconsin, Wake Forest University and more

스쿨 피드백 SCHOOL FEEDBACK

North Cobb Christian School은 애틀랜타 북서부 중산층 백인 거주 지역의 명문 기독교 사립학교로 학업 성취도가 뛰어나고 Challenged 된 Curriculum으로 학부모 및 학생들의 호응을 많이 받는 학교다. Spring term(봄 방학 전)에 미국은 물론 세계여행 또는 봉사 및 지역사회 활동에 참여하는 프로그램을 운영하며 국제학생들도 참여할 수 있도록 학교측에서 기회를 제공하고 있다. 유학생들을 위한 프로그램으로 ESL 및 International Club들을 제공하고 학교 행사에 적극적으로 참여하는 것을 좋아한다. 국제학생 담당자가 유학생들의 학교 생활의 고충 및 애로사항들 상담과 학교 적응을 도와주고 있어 만족스러운 학교 생활을 할 수 있다.

St. Francis Xavier High School, WI(세인트 프란시스 세비어 하이스쿨, 위스콘신주)

학교소개 INTRODUCTION

홈페이지	https://xhs.xaviercatholicschools.org/		
주소	1600 W Prospect Ave, Appleton, WI 54914		
설립연도	1959	종류	남녀공학, 사립학교
종교	카톨릭	교사/학생	1:15
학년	9~12	전교생 수	525+
ESL	N	유니폼	Y
지원자격	최근 3년 내신 성적, Interview, ELTiS/TOEFL/iTEP SLATE		

과외활동 ACTIVITY

Ap & College Credit	AP: Calculus, Statistics, Chemistry, Biology, Physics, US History, Psychology College Credit: Business Management/Leadership, English Composition & Literature, Calculus, Principles of Engineering, Intro to Engineering Design, Aerospace Engineering, Civil Engineering & Architecture, Environmental Sustainability, Software Engineering, Macroeconomics, Government, Intro to Sociology, French, German, Spanish
특별활동	Art Club, Book Club, Campus Activities Board, Campus Ministry, Chamber Orchestra, Environmental Club, Equestrian Team, Future Business Leaders of America, Forensics, French Club, Gaming Club, German Club, Hawks Fly Club, HawkSing, Honors Council, International Club, Investment Club, Jazz Band, Math League, Mock Trial and more
스포츠	Baseball, Basketball, Bowing, Cross Country, Football, Golf, Hockey, Lacrosse, Powerlifting, Soccer, Tennis, Track & Field, Cheerleading, Dance and Drill, Softball, Volleyball
대학 진학 결과	Harvard University, Yale University, Brown University, Boston College, Boston University, California Institute of the Art, Carnegie Mellon, Georgia Institute of Technology, New York University, Pratte Institute, Tufts University, Vanderbilt University, Georgetown University, Notre Dame University, University of Wisconsin Madison, University of Minnesota Twin cities, University of Michigan, University of California Berkeley and more

스쿨 피드백 SCHOOL FEEDBACK

St. Francis Xavier High School은 위스콘신주 애플턴에 위치한 사립 학교로 미국 내 카톨릭 스쿨 Top 50에 속하는 최우수 학교다. 다양한 전문 STEM 과정은 물론 생체의학과 엔지니어링, 컬리지 크레딧 등 다양한 커리큘럼을 제공하며 최근에 리뉴얼한 과학실, 컴퓨터실, 도서관과 700석 이상 규모의 아트센터 등을 갖추고 있다. 재학생들은 위스콘신 주립대학교 오시코시 캠퍼스의 대학교 기숙사에서 개인실을 이용하며 독립적인 공간에서 학업에 몰입할 수 있다. 주립대 학생들과 동일하게 학생증을 발급받아 캠퍼스 내의 도서관과 스포츠 필드 등 최고의 부대시설을 불편 없이 이용할 수 있다. 실시간 학생 관리 시스템을 사용하여 학생 생활을 철저하게 관리하고 교통편 서비스도 편리하게 이용이 가능하다. 방과 후 토플, SAT, ACT 수업을 제공하여 대학 진학을 위한 준비를 체계적으로 할 수 있다.

Bradshaw Christian School, CA(브래드쇼 크리스천 스쿨, 캘리포니아주)

학교소개 INTRODUCTION

홈페이지	www.bradshawchristian.com		
주소	8324 Bradshaw Road Sacramento, CA 95829		
설립연도	1993	종류	남녀공학, 사립학교
종교	기독교	교사/학생	1:15
학년	Pre K~12	전교생 수	1,103+
ESL	Y	유니폼	N
지원자격	최근 3년 내신 성적, Interview		

과외활동 ACTIVITY

Ap & Honors	AP World History, AP U.S. History, AP U.S. Government, AP English Language & Composition, AP Calculus AB, AP Calculus BC, AP Statistics, AP Biology, AP Chemistry, AP Physics, AP Computer Science Principles, AP Studio Art
특별활동	Band, Concert Choir, Chess Club, Improv Comedy, Invisible Children, Mandarin Club, Operation Smile, Photography Club, Robotics, Badminton, Spanish Club, Theater, Video Game Club, Black Student Union, Volleyball tournaments, California Scholarship Federation, National Honors Society, Chapels, Retreats, School Dances, Pep Rallies, Homecoming, Junior Senior Prom, Mock Rock and Game DaysM
스포츠	Basketball, Football, Soccer, Baseball, Volleyball, Wrestling, Softball, Basketball, Soccer, Cheer, Volleyball, Cross Country, Track & Field, Golf, Swimming, Tennis
대학 진학 결과	Arizona State University, Baylor University, Cornell University, Drexel University, Embry-Riddle Aeronautical University, Fashion Institute of Technology, Indiana University at Bloomington, Massachusetts College of Pharmacy and Health Science, Michigan State University, New York University, Pennsylvania State University, Pepperdine University, Purdue University, Rutgers University, Ohio State University, Tufts University, University of California(Berkeley, Davis, Irvine, Los Angeles, Riverside, San Diego) University of Georgia, University of Illinois Urbana-Champaign, University of Minnesota, University of Southern California, University of Washington, University of Wisconsin, Washington University in St. Louis, Worcester Polytechnic Institute and more

스쿨 피드백 SCHOOL FEEDBACK

Bradshaw Christian School은 캘리포니아주의 주도 새크라멘토 인근의 신도시에 위치한 사립 학교다. 모든 건물이나 시설이 쾌적하고 학사 관리도 비교적 엄격하게 하는 편으로, 학사 관리 시스템이 잘되어 있다. 국제 학생 비율이 10~15% 정도이고 국제 학생들 간의 유대 관계가 좋으며 학교에서도 이를 위해 서포트하고 있다. 유학생이 학교 생활을 시작하는 데 어려운 점을 배려하고 도와주어 쉽게 적응할 수 있는 학교이고, Foreign Language, Technology, Robotics, Visual and Performing Arts, Accounting 등 추가 커리큘럼을 제공하고 있다.

CHAPTER 7

국내 학교로
복학 준비하기!

공립교환학생으로 참가했던 미국 학교의 두 학기에 대한 학력 인정으로 국내 학교의 편/입학을 신청할 수 있으며, 학년에 맞게 복학이 가능하다. 다만, 고등학교가 의무교육이 아닌 우리나라에서는 편/입학 시 각 학교의 학교장 재량에 따라 학년을 결정하고 결원 범위 내에서 편/입학을 허용하므로 복학하고자 하는 학교에 우선적으로 상담을 받아야 한다.

주소지 인근 공립 학교로 편/입학 신청이 가능하나 결원이 없는 경우 다른 학교로 편입학 신청을 해야 한다. 간혹 특목고의 편입학을 선택하는 학생들도 있으며 이는 각 학교별 입학 요강에 맞춰 준비가 되어 있는지 확인하고 학교의 결원 발생 시 수시 또는 정시 선발하므로 편입학 하고자 하는 학교를 방문하여 사전 상담을 받아 보면 좋다.

한국 학교 복학을 위한 준비서류

(a) 구비서류: 주민등록등본, 미국 학교 성적 증명서, 미국 학교 재학증명서

(b) 재학증명서의 경우, 여권상 영문 이름, 생년월일, 재학 기간, 학교장 서명, 학교 직인 필수

(c) 출입국 사실 증명원(주민센터에서 발급 가능)

한국에서 상위 학년 편입을 하기 위해서는 미국 학교의 재학증명서(Certificate of Attendance), 성적증명서(Transcript) 등이 필요하며 한국으로 귀국하기 전에 미리 서류를 발급받아 둔다. 위의 서류는 귀국 전 복학할 한국 학교에 필요한 서류가 어떤 것이 있는지 확인한 후, 미국 학교에 해당 서류 발급을 요청해야 한다. 또한, 서류에는 학교장의 서명과 압인이 있는 서류로 받아야 함을 기억해야 한다.

아포스티유(Apostille) 공증 받기

국내 고등학교 복학 시 학력을 인정받고자 한다면 한국 학교에서는 미국 학교의 성적증명서, 재학증명서 원본이 필요하다. 예전에는 이 두 서류의 아포스티유 확인본을 요구했지만, 교육부에서

귀국 학생 학적 서류 간소화 정책으로 인해 교육부에서 지정한 학교들을 다녔을 경우 복잡한 아포스티유 확인 절차를 생략해도 된다. 하지만, 교육부에서 제공하는 학적 서류 간소화 학교 리스트에 해당되지 않는 일부 학교 또는 대학 지원 시에는 간소화가 적용되지 않아 아포스티유 확인을 꼭 받아야 한다.

　아포스티유 공증이란 미국에서 작성되어 상대국 해당 기관에 제출되는 공문서(행정, 법무관련 공문서, 공증인 문서 등)에 대하여 상대국 외교, 영사 기관에 의한 인증을 면제하고, 대신 그 문서를 발행한 당사국이 발급하는 증명서(Apostille)를 붙여 인증을 대체하는 협약이다. 자세한 사항은 영사민원센터(www.0404.go.kr/02-3210-0404)로 문의하면 도움을 받을 수 있다.

(a) 미국 내에서 신청하는 방법

- 해당 주정부의 아포스티유 확인처 홈페이지 확인

　주별 안내: http://www.shirleylaw.com/en/resources/apostille_usa.htm

- 해당 주정부의 아포스티유 사무소 주소와 공증비용 확인(공증비: $5~$25)

- 우편 신청 시 각 주별로 Cover Letter를 준비해야 하는 경우가 있으니 확인 후 작성하여 아포스티유 사무소로 압인이 찍힌 성적증명서, 재학증명서를 회신 봉투와 함께 접수

　① 회신 봉투와 우편 비용은 미리 납부해야 하며, 홈스테이 주소로 작성

　② 한국 주소지로 받게 될 경우, DHL 운송장 혹은 EMS 운송장 작성하여 착불로 신청

　③ 미국 홈스테이 주소로 도착했다면, 호스트 가족에게 DHL로 보내 달라고 부탁

(b) 한국에서 신청하는 방법

- 학교장 서명과 미국 성적증명서, 재학증명서 준비

- 대행 서비스를 통해 발급

- 발급비용: 약 10~20만 원

아포스티유 확인은 학생 개개인이 신청해야 하며, 본인이 책임지고 준비해야 하는 서류다.

CHAPTER 8

교환학생

Q&A

1.

지원 자격 요건 관련

Q: 미국의 교환학생은 몇 살부터 몇 살까지 가능한 것입니까?

A: 15세부터 18.5세까지 프로그램 참가가 가능합니다. 구체적으로 프로그램에 참가하는 당해 기준 중학교 3학년(생일이 9월 이전)부터 고등학교 3학년(생일이 10월 이후)까지 지원 가능합니다. 하지만 몇몇 재단에서는 14.5세도 허용하고 있으니 참가 여부 결정 전 유학원과 상의하길 바랍니다.

Q: 중학교를 검정고시로 졸업하고 고등학교 입학한 경우 프로그램 참가가 가능한가요?

A: 중학교 검정고시 성적을 9학년 성적으로 인정받고 진행이 가능합니다. 단, 중학교 중퇴 시기에 따라 미국 재단마다 조건이 조금 상이하므로 반드시 확인 후 진행해야 합니다.

Q: 고등학교 3학년도 교환학생 참가 자격이 되나요?

A: 학생의 생년월일에 따라 결정됩니다. 출생월이 늦은 경우 참가 가능하나, 졸업장 수여가 보장되지 않기 때문에 귀국 후 학업 진로 계획을 잘 세운 후 프로그램 참가를 결정하는 것이 좋습니다.

Q: 미국 시민권자도 공립교환 프로그램 참가할 수 있나요?

A: 미국 시민권자의 경우도 미국에서 태어나기만 하고 미국에서 살아보지 않은 학생들의 경우는 교환학생 참여가 가능합니다. 다만, 이 경우는 미국 재단마다 가능 여부에 대한 기준이 다르므로 진행하는 유학원 확인을 받아야 합니다.

Q: 공립교환 프로그램 참가 비용은 얼마나 드나요?

A: 10개월 기준으로 프로그램비와 기타 비용들을 포함하여 약 2천만 원 내외로 예상을 잡으시면

됩니다. 기타 비용으로는, 왕복 항공료, 비자 발급 관련 실비, 보험료, 학생 용돈 등입니다.

Q: ELTiS 시험은 따로 공부할 수 있는 학원이나 교재가 있나요?

A: 교환학생 전용 시험으로, 별도로 공부할 수 있는 교재나 사교육이 없습니다. 시험의 유형을 확인해 볼 수 있는 온라인 샘플 테스트를 해 보는 것도 하나의 방법입니다.

Q: 교환학생을 가는 가장 적당한 시기는 언제인가요?

A: 고등학교 진학 전인 중3 또는 고등학교를 경험한 고1 때에 가장 많은 학생들이 참가하고 있습니다. 고2 때에 마지막 기회로 참가하는 학생들도 다수 있습니다. 그러나 학생마다 학업에 대한 진로가 다르므로 본인에게 잘 맞는 참가 시기를 선택하는 것이 가장 좋습니다.

Q: 교환학생 참여 시기 중 1월 학기는 어떤 장점과 단점이 있나요?

A: 참가 시기는 학생 연령에 따라 결정될 수 있으며, 1월 참가의 경우, 한국 학제에 맞춰 복학할 수 있다는 장점이 있습니다. 미국은 우리나라와 다르게 8월이 첫 번째 학기이고, 1월이 두 번째 학기가 시작됩니다. 1월 출국하는 프로그램은 재단에 따라 여름방학 때도 미국에 계속 있을 수 있기도 하며, 어떤 재단은 여름방학 시기에 한국으로 갔다가 8월에 다시 미국으로 오는 경우도 있으니 고려하여 결정하면 됩니다.

Q: 교환학생을 받는 미국 재단은 어떤 곳인가요, 그리고 한국 유학원의 역할은 무엇인가요?

A: 학생들은 교환학생 프로그램을 관리·감독하는 CSIET의 정회원으로 등록되어 있는 재단을 통해 참여하게 됩니다. 한국 유학원은 참가 학생들의 교환학생 선발부터 출국 전까지의 행정적인 부분에 대해 책임을 지고 있으며, 미국에 입국하는 순간부터 학생들은 재단의 관리하에 생활하게 됩니다. 미국 내에서 학생들의 생활에 문제 발생 시, 국내 유학원은 미국 재단과 긴밀한 협조로 문제를 해결합니다. 따라서 유학원을 선택할 때에는 교환학생 업무에 대한 경험이 많고 책임감 있는 업체를 선택하는 것이 가장 중요합니다.

Q: 교환학생 신청 시 재단 지원서를 써야 한다는데 재단 지원서는 다 같은가요?

A: 학생들의 기본 정보, 자기소개서, 선생님 추천서, 포토앨범, 건강검진 서류, 프로그램 동의서 등 지원서 양식은 다르지만 내용들은 거의 비슷합니다. 어떤 방식이라 할지라도 문화 교류 프로그램인 만큼 자신을 잘 어필할 수 있는 솔직한 지원서 작성이 중요합니다.

Q: 공립교환학생 프로그램 참가 시 재단 영문 지원서 작성에서 가장 중요한 부분이 어떤 건가요?

A: 자원봉사자 가정에서 자신들의 가족과 잘 어울릴 수 있는 학생을 선택하기 때문에 학생이 직접 작성한 자기소개글과 학생의 표정과 생활을 엿볼 수 있는 포토 앨범이 가장 중요한 부분입니다.

Q: 공립교환 프로그램 배정 지역은 주로 어떤 지역인가요?

A: 공립교환학생은 주로 중·소도시로 배정되지만 대부분 인구 비율이 높지 않은 미국의 소도시라고 보시면 됩니다. 도심보다는 타국의 문화를 많이 접하지 못한 지역에서 자원하는 경우가 많기 때문입니다. 한국인이나 유학생이 거의 없고 영어만 집중해서 사용하여 영어 실력 향상과 미국 문화를 경험할 수 있는 최적의 환경이 됩니다.

Q: 공립교환 프로그램 신청할 때 지역 선택이 가능한가요?

A: 재단에 따라 다르지만, 지역 선택이 가능합니다. 미국을 동/서/중/남부로 구분해 원하는 주를 선택하는 방법도 있습니다. 선택은 가능하나 그 지역으로의 배정이 보장은 아니며, 선택한 지역 또는 주로 배정이 될 경우, 재단에서 정해진 지역 선택 비용이 추가됩니다.

Q: 여학생의 경우 미국 호스트 집에 남자가 없는 가정으로 배정을 해 주실 수 있나요?

A: 미국 교환학생은 문화 교류 프로그램으로, 호스트 가정은 자원봉사의 개념으로 학생들을 자신들 가정 일원으로 받아들이게 됩니다. 가족사항도 정해진 것이 아닌 편부모, 자녀가 없거나, 재혼한 가정, 나이가 많은 부모님, 나이가 어린 부모님 등 여러 형태를 보이고 있습니다. 특정 사항을 지정하고 선택할 수 있는 프로그램이 아닌 만큼 나를 가족으로 맞아 주는 가족의 형태를 존중하고 그에 맞춰 생활하는 모습이 중요합니다.

Q: 가기 전에 배정받은 호스트 가정을 검증할 방법은 없나요?
A: 미 국무부에서 정해진 자격 요건에 부합된 호스트 가정만이 교환학생들을 받을 수 있으며, 기본적으로 범죄기록과 경제 상황 부분에 대한 검증을 거친 안전한 가정입니다.

Q: 교환학생이 배정되는 호스트 가정은 어떤 형태인가요?
A: 미국 시민권자 호스트 가정으로 배정이 되며, 호스트 가정뿐만 아니라 기숙 형태의 학교로 배정되는 경우도 있습니다. 기숙 형태는 공립학교로는 드물게 자체 기숙사 시설을 갖춘 학교도 있고, 학교 주변에 기숙 형태의 숙소가 마련되어 있는 경우도 있습니다. 물론, 어떤 형태의 숙식 형태라도 학생들을 안전하게 돌보는 관리자는 있습니다.

Q: 교환학생은 미국인 가정에 몇 명까지 배정이 되나요?
A: 배정의 경우 보통 한 가정에 1명이 배정되나, 호스트가 희망하는 경우 그리고 2명의 학생이 배정되기도 합니다. 드물게 기숙사 형식으로 10명 이상의 학생들이 배정되는 경우도 있으나, 2명 이상이 배정되는 경우에는 동의를 받으며 학생들의 국적은 모두 다르게 구성됩니다.

Q: 교환학생들은 대체로 언제 출국하게 되나요?
A: 호스트와 학교 정보가 나와 있는 배정서를 받은 후 출국하게 됩니다. 통상적으로 배정된 학교의 학기 시작일 기준 3~5일 전에 출국을 하게 되며, 호스트 가족의 요청에 따라 미리 출국하는 경우도 있습니다. 이때는 보험료가 추가될 수 있습니다.

Q: 공립교환 참가자의 경우 항공권을 편도로 끊어도 출국할 수 있나요?
A: 공립교환 참가 학생은 반드시 왕복 항공권으로 발급받아야 합니다. 비자 유효 기간이 정확하

게 명시되어 있는 만큼 편도 항공권을 구입할 경우 미국 입국이 제한될 수 있습니다.

Q: 미국에 도착하면 공항에 누가 마중 나오나요?

A: 마지막 도착 공항에는 보통 호스트 가족이 마중을 나옵니다. 하지만 개인사정에 의해 당일 공항 마중이 어려운 경우는 지역 관리자가 대신 마중을 나와 학생이 안전하게 호스트 가정에 들어갈 수 있도록 도움을 줍니다. 학생의 출국일이 결정되면 반드시 호스트 가족들에게 항공편을 전달하여 픽업에 무리가 없는지 사전에 확인하고 항공 티켓을 예약해야 합니다.

Q: 공립교환학생 학년 배정은 어떻게 되나요?

A: 교환학생 학년 배정은 배정된 학교의 규칙에 따라야 합니다. 대부분 자국의 마지막 학년에 맞춰 미국 학교 학년 배정이 이루어지고 있으나 학교 상황에 따라 정해진 학년으로 배정이 될 수 있습니다. 간혹 12학년(고3)으로 배정되는 경우도 있으며, 이 경우에는 학교 담당자와 상의하여 학년을 낮추거나 학년은 그대로 둔 상태에서 자신에게 맞는 학년의 과목으로 선택하여 수강이 가능합니다.

Q: 프로그램 참가 중 미국 학교 방학 기간엔 어떻게 하나요?

A: 교환학생 기간 안에 포함된 방학 기간은 호스트 가족과 함께 지내게 됩니다. 여름방학이 포함된 1월 학기 참가자의 경우, 호스트의 스케줄에 맞춰 여행 또는 개별적으로 캠프에 참여하여 추가적인 경험을 쌓는 것도 가능하나 대부분의 재단은 1월학기 학생은 한국으로 귀국해야 하는 경우가 있으므로 사전 확인이 필요합니다.

Q: 호스트 가족과 종교가 다를 경우 어떻게 해야 하나요?

A: 교환학생 또는 사립유학에서 호스트 가족들은 학생들에게 자신들의 종교를 강요하지 않습니다. 그러므로 혹시 본인의 종교관이 뚜렷하다면 이 부분을 충분히 호스트 가족에게 어필하시기 바랍니다. 단, 종교에 대해 특별한 거부감이 없다면 가족 구성원으로서 함께 종교활동을 하는 것이 좋습니다. 미국의 종교활동을 경험할 수도 있으며 다른 미국 가정들과 교류하는 것도 일종의 커뮤니티 활동으로 도움이 되기도 합니다.

Q: 교환학생은 한 달에 용돈을 얼마나 필요로 하나요?

A: 학생들이 사용하게 되는 기본 용돈은 학교 급식비 또는 자신들이 필요한 활동을 위해 사용하

며, 월 $300~$500을 쓰게 됩니다. 하지만 개인의 소비 성향이 다양하므로 자신의 지출내역에 대한 예산을 잡고 기본 학교 급식비 약 $150 정도를 제외한 용돈은 스스로 조율하여 사용하는 것이 좋습니다.

Q: 교환학생 생활 중 홈스테이와 갈등이 생겼을 경우 어떻게 해결해야 하나요?

A: 호스트 가족과 무엇이 문제인지 털어놓고 대화를 시도하는 것이 가장 우선시됩니다. 문화적 차이로 인한 오해, 영어 어휘력에 따른 오해, 무심코 한 행동들이 요인이 되기도 합니다. 하지만 학생의 노력에도 변화가 없다면 자신의 입장을 지역 관리자에게 의논하여 해결방안을 찾을 수 있도록 해야 합니다. 이때 한국 유학원에 먼저 자신이 처한 상황을 허심탄회하게 털어놓고 조언을 얻은 후 시도하는 것을 추천 드립니다.

Q: 교환학생 현지 생활에 대한 리포트 같은 것들을 보내 주나요? 학생 관리는 누가 하나요?

A: 교환학생들 리포트의 경우는 교육재단마다 형식과 전달 주기가 다양합니다. 지역 관리자는 특이사항이 없는 경우 리포트 작성을 하지 않고 오히려 학생의 도움이 필요하거나 긴급상황이 발생할 경우 이메일로 전달하는 경우가 더 많으니 별도 연락이 오지 않는 경우는 오히려 안전하게 프로그램 적응을 잘하고 있다고 보시면 됩니다.

Q: 프로그램 참가 중에 미국에 사는 친인척 방문이 가능한가요?

A: 프로그램 참가 기간 중 친인척 방문 및 학부모님의 방문은 원칙적으로 허락되지 않습니다. 미국 친인척 방문이나 부모님과 합류한 미국 여행을 예정할 경우 가능한 프로그램 종료 후로 계획하는 것이 좋습니다. 프로그램 종료 전에는 반드시 여행 스케줄에 대한 내용을 미국 재단에 확인하여 사전 승인이 될 경우에만 가능합니다.

Q: 교환 프로그램 종료 후 미국 학교에서 챙겨 와야 할 서류는 무엇인가요?

A: 1) 미국 학교의 성적증명서 2~3부

2) 미국 학교 재학증명서 2~3부(재학증명서는 별도의 양식이 있는 것이 아니라, 재학 기간이 명시된 레터 형식의 증명서입니다. 반드시 학교장 선생님 또는 학교 관계자 서명이 들어가야 합니다.)

3) 미국 학교 선생님들의 추천서(옵션). 한국 학교로 복학 시 "아포스티유(Apostille) 확인"된 서류로 준비해야 합니다.

Q: 한국으로 복학은 가능한가요? 교환학생 때의 성적이 한국에서 인정이 되나요?

A: 한국으로 복학 시, 유급 또는 나이에 맞춰 복학 두 가지 모두 선택 가능합니다. 미국 정규 고등학교에 재학하기 때문에 정식 성적/재학증명서가 발행되며, 이 부분이 인정되기 때문입니다. (단, 미국 내에서의 학년은 한국과 동일하거나 혹은 높은 학년으로 배정이 되어야 합니다.) 다만, 학력은 인정되나 미국과 한국의 수업과목이 다르므로, 성적은 인정되지 않아 생활기록부 상에는 공란으로 표시됩니다.

5.

사립유학 관련

Q: 교환학생 참가 후 귀국 후 진로는 어떻게 해야 하나요?

A: 1년의 교환학생 체험을 좋은 기회의 발판으로 국내 대학을 목표로 한국 학교 복귀를 선택하거나, 미국 교육 시스템이 자신의 역량을 펼치는 데 잘 맞아 사립학교로 재유학도 선택 가능합니다. 유학을 선택할 경우, 학생과 부모님의 니즈에 맞춰 유학원 담당자와 심도 있게 상담 후 학생에게 맞는 프로그램으로의 선택이 중요합니다.

Q: 미국 공립교환과 사립교환 프로그램의 차이점은 무엇인가요?

A: 공립교환과 사립교환의 차이점은 프로그램에 참여하는 목적과 그에 따른 비자에 있습니다.

교환학생은 미 국무부에서 주관하는 프로그램으로 미국의 교육 시스템과 자원봉사자 호스트 가정에서 문화를 체험하는 문화 교류 비자(J1)를 받으며, 지역 및 호스트의 선택이 불가능합니다. 하지만, 다양한 체험을 할 수 있다는 것이 가장 큰 장점입니다.

사립교환은 학업이 목적인 유학 비자(F1)를 받으며, 지역과 학교 선택을 할 수 있으며 그에 따른 비용이 추가됩니다. 유학이 목적이기 때문에 동일한 학교에서의 연장 및 졸업이 가능하며, 유학생으로서 학교의 모든 활동에 참여가 가능합니다.

Q: 공립교환 후 미국에 사립학교로 진학할 경우 미국에 계속 남아 있어도 되나요?

A: 공립교환학생은 미 국무부가 주관하는 1년짜리 프로그램으로 비자 타입이 F1 학생 비자가 아닌 J1 문화 교류 비자입니다. 따라서 프로그램 종료 후에는 반드시 귀국해야 합니다.

Q: 공립교환 1년 후 사립유학으로 미국 고등학교 졸업이 가능한가요?

A: 네, 가능합니다. 모든 사립학교가 1년 재학 후 졸업을 인정해 주는 건 아니지만 공립교환학생 참가 후 이어서 사립유학을 선택할 경우 졸업 가능한 학교들이 있습니다.